한국 사교육의 실태와 사교육 정책

유재봉 · 조시정 · 이송하 · 정문선 공저

THE CURRENT STATE
AND POLICIES OF
SHADOW EDUCATION
IN SOUTH KOREA

학지사

이 저서는 2021년 대한민국 교육부와 한국연구재단의 지원을 받아 수행된 연구임
(NRF-2021S1A5C2A03089476)

머리말

　교육의 목적은 다양하게 규정될 수 있지만, 그 규정들은 모두 인간의 삶의 질을 제고하는 데 있다. 그러한 교육을 위해 만든 공간이 학교이고, 학교는 오랫동안 이 교육목적을 실현하는 교육기관으로서의 지위를 누려 왔다. 그러나 우리나라의 높은 교육열에 의해 교육이 사회적 부, 지위, 명예를 위한 수단으로 전락하게 됨에 따라 많은 사람이 그 관문이 되는, 보다 유리한 상급학교에 진학하기 위해서 사교육에 투자하게 되었다. 학교교육의 보조기관으로서, 학교에서 공부한 내용에 대해 보충하는 일을 주로 해 왔던 사교육기관은 이러한 사회적 흐름에 편승하여 학생과 학부모의 수요를 만족시킴으로써 오히려 공교육보다 사교육을 신뢰하게 만들었다. 그리하여 오늘날 우리나라 초·중·고등학생들의 사교육 의존도는 점점 높아지게 되어, 공교육의 그림자에 불과한 것으로 보았던 사교육(shadow education)이 이제는 공교육을 위협하는 수준이 되었으며, 심지어 모든 교육 정책에서 사교육 경감 효과를 중요한 변수로 고려하게 되었다.

　정부는 이러한 사교육이 다양한 측면에 미치는 영향력을 고려하여 2007년부터 해마다 '(초·중·고) 사교육비 조사 결과'를 발표하고, 사교육비를 경감하여 사교육 참여율을 낮추려는 교육대책을 발표하고 있다. 다양한 교육 정책에도 불구하고, 2020년 코로나19로 인해 사교육이 일시적으로 급감한 것을 제외하면 2016년부터 지금까지 사교육비와 사교육 참여율은 가파르게 증가하고 있어, 사교육 증가 현상은 교육계뿐만 아니라 국민들의 염려거리가 되고 있다. 이러한 염려를 해소하고자 교육부는 2023년 4월 4일 사교육대책팀을 만들어 사교육 경감을 위한 종합대책을 마련하고 있다.

그러나 사교육을 경감시킬 수 있는 만병통치약은 없다. 우리나라 사교육 시장의 증가는 다양한 요인, 특히 국민의 의식과 사회의 구조나 시스템의 문제와 관련된 것으로서 복잡하게 얽혀 있으며, 정부의 정책 문제만으로 해결될 수 있는 것이 아니다. 이러한 사교육의 난제를 해결하기 위해서, 사교육의 증상을 즉각적으로 해소하기 위한 '대증 요법'보다는 장기적으로 사교육의 근본 원인을 찾아 처방하는 '병인 요법'이 요청된다.

2015년 교육부 사교육중점연구소로 설립된 성균관대학교 사교육혁신교육연구소에서는 사교육의 추이분석과 더불어, 사교육의 원인을 탐색하고 사교육 문제를 해결하기 위한 정책적 방향을 제시하는 다양한 연구를 수행해 오고 있다. 다양한 연구를 책꽂이에 놓아두고 있기보다는 사교육 연구자와 사교육에 관심 있는 분들에게 공유하고, 사교육 연구의 토대와 기본 자료가 되고자 이 책을 출간한다. 바라건대 이 책을 계기로 사교육에 관한 책을 시리즈로 발간함으로써 다양한 관점에서 사교육을 이해하고, 또한 이와 관련된 연구를 촉진시켜 이 땅에서 사교육 문제로 신음하는 사람들이 조금이나마 줄어들었으면 한다.

　사교육혁신교육연구소 소장으로서, 연구소의 맡은 일을 성실히 감당해 주었을 뿐만 아니라 이 책을 발간하는 데 애써 주신 전·현직 전임연구원인 조시정 박사, 정문선 박사, 이송하 박사에게 이 자리를 빌려 감사한 마음을 전한다. 또한 늘 후덕한 마음으로 이 책에 관심을 가져 주시고 기꺼이 출판해 주신 학지사 김진환 사장님과 이 일을 위해 애써 주신 김은석 상무님, 표와 그림, 수치가 많은 까다로운 작업에도 불구하고 하나하나 꼼꼼하게 체크해 주신 김지수 님을 비롯한 편집진에게도 감사드린다.

2023년 5월

저자를 대표해서 유재봉 씀

차례

• 머리말 … 3

제1장 **한국에서의 사교육 문제** ································· **11**

제2장 **한국 사교육의 추이 동향(2007~2021)** ··············· **21**

　1. 한국 사교육의 추이 개요 _ 23

　　1) 사교육비 총규모 _ 23

　　2) 사교육 참여율 _ 26

　　3) 주당 사교육 참여 시간 _ 28

　　4) 참여학생 1인당 월평균 사교육비 _ 31

　2. 교과별 사교육 참여 실태 _ 33

　　1) 교과별 사교육 참여율 _ 33

　　2) 교과별 참여학생 1인당 월평균 사교육비 _ 36

　3. 참여유형별 사교육 참여 실태 _ 41

　　1) 참여유형별 사교육 참여율 _ 41

　　2) 참여유형별 참여학생 1인당 월평균 사교육비 _ 47

　4. 시·도별 사교육 참여 실태 _ 53

　　1) 시·도별 사교육 참여율 _ 53

　　2) 시·도별 참여학생 1인당 월평균 사교육비 _ 59

5. 지역규모별 사교육 참여 실태 _ 64

1) 지역규모별 사교육 참여율 _ 64

2) 지역규모별 참여학생 1인당 월평균 사교육비 _ 67

6. 월가구소득별 사교육 참여 실태 _ 70

1) 월가구소득별 사교육 참여율 _ 70

2) 월가구소득별 참여학생 1인당 월평균 사교육비 _ 73

7. 부모의 경제활동 유형별 사교육 참여 실태 _ 76

1) 부모의 경제활동 유형별 사교육 참여율 _ 76

2) 부모의 경제활동 유형별 참여학생 1인당 월평균 사교육비 _ 80

8. 성적수준별 사교육 참여 실태 _ 84

1) 성적수준별 사교육 참여율 _ 84

2) 성적수준별 참여학생 1인당 월평균 사교육비 _ 86

제3장 사교육 정책의 변화 ···································· 89

1. 정부별 사교육 정책 _ 91

1) 사교육 정책의 변천 _ 91

2. 주요 사교육 경감 정책 _ 123

1) 공교육 정상화 촉진 및 선행교육 규제에 관한 특별법 _ 124

2) 방과후학교 _ 132

3) EBS 관련 정책 _ 153

3. 사교육 경감 정책의 평가 _ 164

1) 정부별 사교육 경감 정책의 평가 _ 164

2) 주요 사교육 경감 정책의 평가 _ 167

제4장 **한국 사교육의 함의와 과제** ·································· **171**

　　1. 교육적 함의 _ 173

　　　　1) 한국 사교육 실태와 관련된 함의 _ 173

　　　　2) 사교육 정책과 관련된 함의 _ 175

　　2. 정책 과제 _ 182

　　　　1) 학교 수준의 과제 _ 183

　　　　2) 가정 수준의 과제 _ 186

　　　　3) 사회 수준의 과제 _ 188

• 부록 ··· 191

• 참고문헌 ··· 243

• 찾아보기 ··· 249

제1장

한국에서의 사교육 문제

오늘날 사교육의 열풍은 비단 우리나라나 일본, 대만, 홍콩, 싱가포르 등의 일부 유교권 국가에 한정되는 현상이 아니다. 베트남, 스리랑카, 미얀마, 캄보디아, 방글라데시 등의 아시아 국가, 네덜란드, 독일, 그리스 등의 서유럽 국가, 라트비아, 아제르바이잔, 폴란드, 우크라이나, 헝가리 등의 동유럽 국가, 미국, 캐나다 등의 북미 국가, 이집트, 케냐, 짐바브웨, 탄자니아, 모로코, 남아프리카 공화국 등의 아프리카 대륙에서도 정도의 차이는 있지만 점차 사교육이 증가하고 있다.

사교육의 현상은 더 이상 아시아에 국한된 현상이 아닌 세계적인 현상이 되고 있지만, 한국, 싱가포르, 홍콩, 대만, 일본, 중국 등 동남아시아 국가의 사교육 참여율은 다른 어느 지역보다 높다. 한국, 싱가포르, 홍콩, 대만, 일본, 중국은 OECD 국제학업성취도평가(PISA)와 수학·과학 성취도 추이변화 국제비교 연구(TIMSS)에서 세계 최고 수준의 성적을 유지하고 있다. 이 국가들이 학업성취가 뛰어난 것은 이들 국가의 공교육이 미국이나 유럽보다 뛰어나기 때문이라기보다는, 교육열이 높고 사교육 참여 시간과 사교육 참여율이 높기 때문이라고 볼 수 있다.

우리나라는 코로나19로 인해 2020년 사교육비와 사교육 참여율이 일시적으로 다소 감소하였으나, 2021년과 2022년에는 사교육비와 사교육 참여율이 급증하였다. 2020년 사교육비 총액이 19.4조 원이었으나 2021년에는 23.4조 원으로 무려 21% 올랐고, 2020년 사교육 참여율은 평균 67.1%였지만 2021년도에는 75.5%로 8.4% 증가하였다. 2020년 전체 학생의 1인당 월평균 사교육비는 30.2만 원이었으나 2021년에는 36.7만 원으로 21.5% 급증하였고, 참여학생의 경우에는 1인당 월평균 사교육비가 45만 원에서 48.5만 원으로 8% 증가하였다. 2022년 사교육비와 사교육 참여율도 2021년에 이어 급증하였다. 2022년 사교육비 총액은 전년 대비 10.8% 올라 26조 원에 이르렀고, 사교육 참여율은 전년 대비 2.8% 올라 평균이 78.3%였다. 전체 학생의 1인당 월평균 사교육비는 전년 대비 11.8% 올라 41만 원이었고, 참여학생의 1인당 월평균 사교육비는 전년 대비 7.9% 올라 52.4만 원으로 나타났다. 사교육비 지출과 참여율은 가구의 월평균 소득수준이 높을수록 높았고, 자녀 수가 한 명인 가구의 사교육비 지출과 참여율이 가장 높았으며, 또한 성적이 상위권일수록 사교육비 지출과 사교육 참여율이 높았다(통계청, 2022, 2023).

우리나라는 사교육 참여율, 주당 사교육 참여 시간, 사교육비 등이 세계에서 가장 높은 국가에 속할 뿐만 아니라, 다른 국가에 비해 사교육으로 인한 교육적·사회적 문제가 많이 발생하고 있다. 그 문제들을 몇 가지 제시하면 다음과 같다.

첫째, 우리나라 초·중·고등학교 학생들의 공부시간이 세계에서 가장 길고 학생들이 학습노동에 시달리고 있는 데 비해, 학습

효율성이 낮다는 점이다. 우리나라 학생들의 하루 평균 학습시간
은 2014년 기준 고등학생은 8시간 28분, 중학생은 7시간 16분이
며, 주당 60시간 공부하는 학생의 수가 OECD 평균보다 약 두 배
가 많은 최상위 수준이다. 그런데 교육 효율성은 학습시간 1분당
1.37점으로 최하위 수준이다.[1] 이렇듯 한국 학생들은 하루 종일
밤낮으로 학교와 학원을 다니면서 공부하여 학습량이 지나치게 많
으며, 수면 시간과 여가 시간이 부족한 상태에서 지속적으로 공부
하다 보니 교육 효율성이 낮을 수밖에 없는 실정이다. 이렇듯 우리
나라의 학교는 사회에 못지않은 피로사회의 양상을 보이고 있다.
학교는 본래 바쁜 일상으로부터 격리되어 여가를 누리며 공부에만
전념하기 위해 만든 별도의 공간이었다(Oakeshott, 1972). 그런데
오늘날 한국의 학교는 사회의 치열한 경쟁으로부터 방패막이가 되
어 온 학교 울타리를 스스로 걷어치움으로써 사회의 경쟁에 노출
되고 있다. 그리하여 초·중·고등학생들은 '시시포스(sisyphos)'의
처지와 유사하다고 할 수 있다. 쉴 사이 없이 바위를 산 정상으로
올리려고 애쓰지만 산 정상에 닿기가 무섭게 바위가 다시 원래의
자리로 굴러떨어지는, 그래서 또다시 바위를 산마루로 끌어올리는
형벌을 받은 시시포스처럼, 한국의 학생들은 대학입시라는 뾰족한
봉우리를 향해 무작정 달려가지만 대부분의 사람이 올라갈 수 없
는 무모한 경쟁을 하고 있는 것이다(유재봉, 2019: 144-145).

---

1) PISA 2012 15세 수학 학업성취도평가에서도 그 결과는 유사하다. 청소년의 주당
   학습시간은 평균 7시간 6분으로 2위이고, 수학학습 효율성은 OECD 34개국 중
   34위다(한국직업능력개발원, 2016).

둘째, 우리나라 초·중·고등학생들의 문제는 학업성취가 높은 데 비하여 그에 대한 흥미나 가치인식이 낮다는 점이다. PISA 2018 결과 발표에 따르면, 우리나라는 지적 측면에 비해 상대적으로 협동, 긍정적 감정, 삶의 의미, 자기 효능감 등의 정의적 측면에서 성취도가 낮으며, 특히 경쟁 및 실패에 대한 두려움이 높은 것으로 나타났다. TIMSS 2019의 결과도 PISA 2018의 결과와 비슷하다. 즉, 수학과 과학의 성취도는 세계 최상위권을 유지하고 있지만, 그에 비해 자신감, 흥미, 가치인식은 국제 평균에 비해 낮았다. 이러한 결과는 우리나라 학생들이 교과에 대한 흥미나 가치 때문에 공부하기보다는 내신 성적을 올리고 좋은 상급학교에 진학하기 위해 긴장과 불안 가운데서 어쩔 수 없이 공부하는 것이라고 볼 수 있다. 내적 동기가 결여된 공부는 오랫동안 지속하기가 어려우며, 실제로 우리나라 학생들은 대부분 대학입학이라는 목표를 성취하고 나면 공부의 열기가 사라져 적어도 대학생활 초기의 공부 시간이 확연히 줄어들게 된다. 그 결과 우리나라 초·중·고등학교 학생들은 세계 최고 수준의 경쟁력을 유지하는 반면, 대학생의 국제 경쟁력은 상대적으로 낮은 것으로 나타났다. 스위스 국제경영개발대학원(IMD)에서 해마다 발표하는 2022년 교육경쟁력 평가 지표에 따르면, 한국의 교육경쟁력은 63개국 중 29위로 중간 정도의 수준에 머무르고 있다. 그나마 우리나라의 교육경쟁력을 제고하는 데 중요한 역할을 감당하고 있는 세계적으로 낮은 수준의 문맹률과 높은 고등교육 이수율, 그리고 PISA 2018 학업성취도 등을 제외하면, 실질적인 경쟁력이 훨씬 더 낮은 것으로 보아야 한다(기획재정부, 2022. 6. 15.).

　셋째, 우리나라 초·중·고등학생들이 공부 그 자체의 즐거움보다는, 좋은 상급학교에 진학하기 위한 목적으로 소위 '입시 위주의 교육'을 하고 있다는 점에서 문제가 있다. 그러다 보니 학생들은 다양한 교과의 가치를 내면화하는 일에 집중하기보다는 단편적인 지식의 학습이나 기계적 반복학습을 통해 정답 맞추기와 문제 풀이를 통해서 시험점수를 높이는 데 치중하고 있다. 이러한 공부 방식은 교육과 관련하여 두 가지 문제점이 있다. 하나는 단편적이고 파편적인 지식을 획득할 수 있으나, 고차적이고 총체적인 지식을 추구하는 데에 한계가 있다는 점이다. 다른 하나는 이러한 공부 방식으로는 자율적인 인간과 자율적 사고를 기르는 데 한계가 있다는 점이다. 실상 대부분의 우리나라 초·중·고등학생들은 자율적인 태도를 가지고 자기주도적 공부와 자율적 사고를 하도록 공부하기보다는, 공교육기관이나 사교육기관의 프로그램에 따라가거나 아니면 부모의 강요에 의해 어쩔 수 없이 공부하고 있는 실정이다.

　넷째, 우리나라 초·중·고등학생들과 학부모들이 공교육보다는 사교육을 신뢰하거나 의존하는 경향이 있으며, 사교육 시장의 확장이 학교교육의 측면에서 몇 가지 문제를 일으킨다. 가장 심각한 문제는 우리나라 초·중·고등학생들의 대부분이 사교육에 참여하고 있거나, 선행학습으로 인해 정상적인 진도에 맞춰 학교교육을 내실 있게 운영하는 데 장애요소가 되고 있다는 것이다. 또한 많은 학부모가 입시교육의 경쟁력 제고를 위해 사교육을 선호하는 경향이 있다는 것이다. 그리하여 자녀의 미래를 위해 (사)교육에 적극적으로 투자를 하게 되고, 그것이 결국 가계 재정에 부담을 가져오게 된다. 더 큰 문제는 가구소득이 많은 사람이 사교육 참여율이 높을 뿐만 아니라 사교육비를 더 많이 지출하며, 성적이 상위권인 학생일수록 사교육 참여율이 높고 사교육비를 더 많이 지출한다는 점이다. 이러한 현상은 저소득층 가구의 학생과 고소득층 가구의 학생, 성적이 상위권인 학생과 하위권인 학생 간의 학습 격차를 심화시키는 결과를 초래한다. 특히 코로나19의 확산으로 갑작스럽게 시작된 온라인 수업은, 학교와 가정의 온라인 환경에 따라 수업의 질 차이를 가져오게 하여 학생들의 학력 격차 문제가 새로운 사회적 문제로 대두되고 있다. 말하자면, 교육이 사회계층을 오히려 재생산하는 결과를 초래하고 있는 것이다.

이렇듯 한국의 사교육은 심각한 사회적 문제이면서, 교육계의 심각한 병폐 중의 하나로 인식되고 있다. 이러한 사교육의 심각한 문제를 의식하여 통계청과 교육부에서는 2007년부터 '초·중·고 사교육비 조사'를 실시하여 사교육의 추이를 주시하고 있다. 교육부를 비롯한 17개 시·도 교육청은 사교육 경감을 위한 다양한 정책을 펼쳐 왔고, 일선 학교들은 공교육을 정상화함으로써 사교육의 문제를 해결하기 위해 노력해 왔다. 그럼에도 불구하고 사교육 경감방안은 아직 뚜렷한 효과를 거두지 못하고 있다. 사교육 경감 정책이 가시적 성과를 거두지 못하고 있는 이유는 사교육이 단지 교육적인 측면뿐만 아니라, 사회적·경제적·문화적 측면들이 복잡하게 얽혀 있어서 근본적인 해결방안을 제시하기가 결코 쉽지 않기 때문이다. 대부분의 교육문제가 그렇듯이, 우리나라 상황에서 어쩌면 사교육의 문제도 어설픈 긴급처방식의 대증 요법으로는 문제를 해결하기보다 오히려 악화시킬 수 있다. 우리나라의 사교육 문제를 일시에 해소할 수 있는 만병통치약은 없다는 사실을 인식하고, 시간이 걸리더라도 눈에 보이는 증상만 완화시키는 '대증 요법'보다는 사교육의 근본적 원인을 찾아 없애는 '병인 요법'이 요청된다. 그러므로 사교육 문제의 근본적인 원인을 찾기 위해서는 다양한 학문으로 접근해야 하고, 또한 사교육에 대한 다각도의 심층적인 분석이 요구된다. 사교육 정책도 일시적이고 표면에 드러난 문제를 해결하기보다는 장기적인 대책을 통해서 문제를 근원적으로 해결해 나갈 필요가 있다.

이 책은 사교육의 증가와 사교육의 정책을 심층적으로 분석하기 위한 기본 토대와 자료를 제공하는 데 그 목적이 있다. 이러한 목적을 위해, 우리나라의 사교육 추이와 그에 대한 교육 정책이 어떻게 변화되어 왔는지를 두 가지 측면에서 제시한다. 하나는 사교육의 최근 10년간의 사교육비와 사교육 참여율이 어떻게 변화되어 왔는지를 살펴보는 것이고, 다른 하나는 초ㆍ중ㆍ고 사교육비 조사가 시작된 2007년부터 각 정부별 주요 사교육 정책과 주요 사교육 경감 정책을 탐색하는 일이다.

먼저, 우리나라 사교육의 추이에 관해서는 사교육 총규모, 사교육 참여율, 주당 사교육 참여 시간, 참여학생 1인당 월평균 사교육비를 개관한 다음, 교과별 사교육 참여율, 참여유형별 사교육 참여 실태, 시ㆍ도별 사교육 참여 실태, 지역규모별 사교육 참여 실태,

월가구 소득별 사교육 참여 실태, 부모의 경제활동 유형별 사교육 참여 실태, 성적 수준별 사교육 참여 실태로 구분하여 보다 구체적으로 탐색한다. 다음으로 각 정부별 주요 사교육 정책과 주요 사교육 경감 정책을 노무현 정부(2003~2008), 이명박 정부(2008~2013), 박근혜 정부(2013~2017), 문재인 정부(2017~2022)의 사교육 정책으로 구분하여 제시한 후에, 우리나라의 주요 사교육 경감 정책을 상세히 설명하고 평가한다.

제2장

한국 사교육의 추이 동향
(2007~2021년)

우리나라의 사교육 문제는 교육계의 심각한 병폐 중의 하나로 인식되고 있다. 실상 우리나라 초·중·고등학생들의 대부분이 사교육에 참여하고 있다. 이로 인해 학교에서는 교육이 내실 있게 운영되고 있지 못하고, 학부모들은 가계 재정에 부담을 느끼고 있다. 이러한 사교육의 심각한 문제를 의식하여 통계청과 교육부에서는 2007년부터 '초·중·고 사교육비 조사'를 실시하여 발표하고 있다.

　초·중·고 사교육비 조사는 우리나라 초·중·고등학생들의 사교육비 실태를 체계적·정기적으로 조사한 공신력 있는 통계를 제공함으로써, 사교육비 경감대책 및 공교육 내실화 등 교육정책 수립의 기초자료를 제공한다. 초·중·고 사교육비 조사는 2007년부터 1년 주기로 시행되고 있으며, 매해 약 8만 명의 학부모들을 대상으로 초·중·고등학생들의 사교육 실태를 조사한다.

　초·중·고 사교육비 조사에서는 사교육비를 '초·중·고 학생들이 학교의 정규 교육과정 이외에 사적인 수요와 공급에 의해서 학교 밖에서 받는 보충교육을 위해 개인이 부담하는 비용'으로 정의하고 있다(통계청, 2023). 이러한 정의 아래 초·중·고 사교육비 조사에서는 우리나라 초·중·고 학생들의 주요 과목별 개인 및 그룹과외비, 학원수강, 방문학습지, 인터넷 및 통신강좌(무료 EBS 제외) 등의 수강료(교재비 포함), 일반교과 및 논술 관련 사교육비[국어, 영어, 수학, 사회·과학, 컴퓨터(소프트웨어/코딩 포함), 제2외국어·한문, 논술 등], 예체능 및 기타 관련 사교육비(음악, 미술, 체육, 취미·교양), 취업 목적 사교육비(대학 진학 목적 외 취업 목적 교육을 받거나 자격증 취득 등을 위해 받은 사교육), 진로·진학 학습상담비(진로관리, 진학·입시상담, 성적관리, 학습방법 상담 등의 컨설팅 비용), 방과후학교 비용, EBS 교재비 및 어학연수비 등 다양한 사교육비 지출 관련 항목들을 조사한다. 이 외에도 보다 정확한 실태 파악을 위해 가정소득, 거주 지역, 학급 내 성적, 학부모의 연령 및 학력, 학부모의 경제활동 참여 여부 등 개인 및 가정 배경까지 조사하고 있다.

이 장에서는 초·중·고 사교육비 조사가 처음 시행된 2007년부터 가장 최근의 2021년까지의 자료를 분석하여 한국 사교육비의 추이와 실태를 살펴볼 것이다.

📝 1. 한국 사교육의 추이 개요

1) 사교육비 총규모

2021년 한국의 사교육비 총규모는 23.4조 원으로 역대 최고치를 기록하였다. 2020년 19.4조 원 대비 약 20.6%가 증가한 수치다. 사교육비 총규모의 추이는 초·중·고 사교육비 조사가 처음 시행되었던 2007년 20.0조 원에서 시작하여 2009년 21.6조 원까지 증가하였다가 그 이후로는 다시 감소하여 2015년 17.8조 원까지 하락하였다. 그러나 사교육비 총규모는 2016년부터 다시 증가 추세로 전환되었으며, 코로나19 사태로 인해 2020년에는 일시적으로 19.4조 원으로 감소하였지만, 2021년에 다시 증가하여 23.4조 원에 이르렀다.

사교육비 총규모를 학교급별로 살펴보면 〈표 2-1〉[그림 2-1]과 같다. 사교육비 총규모에서 가장 많은 부분을 차지하는 학교급은 초등학교다. 2021년 초등학교의 사교육비 총규모는 10.5조 원으로 전체 사교육비 총규모의 약 44.9%를 차지하고 있다. 초등학교의 사교육비 총규모 추이는 2007년 10.2조 원에서 2015년 7.5조 원까지 감소하였다가 2016년부터 증가 추세로 전환되었다.

중학교의 사교육비 총규모는 2007년부터 2015년까지 모든 학교급 중에서 초등학교 다음인 두 번째로 높았지만, 2016년부터는 순위가 역전되어 모든 학교급 중 가장 낮았다. 중학교의 사교육비 총규모 추이는 2007년 5.6조 원에서 2012년 6.1조 원까지 점차 증가하다가, 2013년부터 감소하기 시작하여 2017년에는 4.8조 원까지 감소하였다. 그 후 2018년부터 다시 증가 추세로 접어들어 2021년에는 6.3조 원으로 최고치를 경신하였다.

고등학교의 사교육비 총규모는 모든 학교급 중 가장 낮았으나, 2016년부터 중학교를 추월하여 초등학교 다음으로 높았다. 다른 학교급과는 달리 고등학교의 사교육비 총규모는 2007년 4.2조 원에서 2021년 6.5조 원에 이르기까지 증가 추세를 보였다.

⟨표 2-1⟩ 학교급별 사교육비 총규모

(단위: 년, 조 원)

연도	전체	초등학교	중학교	고등학교
2007	20.0	10.2	5.6	4.2
2008	20.9	10.4	5.8	4.7
2009	21.6	10.2	6.3	5.1
2010	20.9	9.7	6.0	5.1
2011	20.1	9.0	6.0	5.1
2012	19.0	7.8	6.1	5.2
2013	18.6	7.7	5.8	5.1
2014	18.2	7.6	5.6	5.1
2015	17.8	7.5	5.2	5.1
2016	18.1	7.7	4.8	5.5
2017	18.7	8.1	4.8	5.7
2018	19.5	8.6	5.0	5.9
2019	21.0	9.6	5.3	6.2
2020	19.4	7.6	5.4	6.3
2021	23.4	10.5	6.3	6.5

(단위: 조 원)

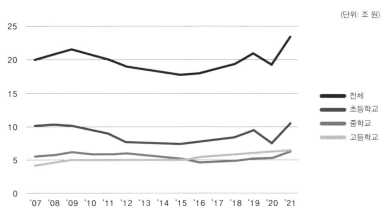

[그림 2-1] 학교급별 사교육비 총규모

2) 사교육 참여율

2021년 전국 초·중·고 학생들의 사교육 참여율은 75.5%로, 초·중·고등학생 4명 중 3명이 사교육에 참여하고 있는 셈이다. 사교육 참여율은 초·중·고 사교육비 조사가 처음 시행되었던 2007년 77.0%에서 시작하여 2014년까지 꾸준히 감소하였고, 2020년에는 조사 이래 최저치인 67.1%를 기록하였다. 그러나 초·중·고 학생들의 사교육 참여율은 2017년부터 다시 증가해 오다가 코로나19 사태로 인해 2020년에는 일시적으로 67.1%로 감소하였지만, 2021년에는 다시금 75.5%로 증가하였다.

학교급별 사교육 참여율은 〈표 2-2〉와 [그림 2-2]에 나타나 있듯이, 초등학교가 전체 학교급 중에서 사교육 참여율이 가장 높았다. 초등학생의 사교육 참여율 추이는 2007년 88.8%로 최고치를 기록한 후 2016년 80.0%까지 감소하였다. 이후 초등학생의 사교육 참여율은 2019년 83.5%까지 증가하였다가, 코로나19 사태로 인해 2020년에 일시적으로 69.7%로 감소한 후, 2021년에는 다시금 82.0%로 증가하였다.

중학교 학생들의 사교육 참여율은 전체 학교급 중 초등학교 다음으로 높았다. 중학생의 사교육 참여율의 추이는 2007년 74.6%로 최고치를 기록한 후 2016년 63.8%까지 감소하였다. 이후 다시 증가 추세로 전환되어 2019년 71.4%까지 증가하였다가, 코로나19 사태로 인해 2020년에는 일시적으로 67.3%로 감소한 후, 2021년에는 다시금 73.1%로 증가하였다.

　　고등학교 학생들의 사교육 참여율은 전체 학교급 중 가장 낮았다. 고등학생의 사교육 참여율의 추이는 2007년 55.0%를 기록한 후 2015년 50.2%까지 감소하였다가, 2016년부터 다시 증가 추세로 접어들어 2021년 64.6%로 증가하였다. 다른 학교급과는 달리 고등학교의 사교육 참여율의 특이한 점은, 코로나19 사태의 영향을 거의 받지 않고 2016년부터 2021년까지 매해 꾸준히 증가하였다는 점이다.

〈표 2-2〉 학교급별 사교육 참여율

(단위: 년, %)

연도	전체	초등학교	중학교	고등학교
2007	77.0	88.8	74.6	55.0
2008	75.1	87.9	72.5	53.4
2009	75.0	87.4	74.3	53.8
2010	73.6	86.8	72.3	52.8
2011	71.7	84.7	71.1	51.6
2012	69.4	80.9	70.6	50.7
2013	68.8	81.8	69.5	49.2
2014	68.6	81.1	69.1	49.5
2015	68.8	80.7	69.4	50.2
2016	67.8	80.0	63.8	52.4
2017	71.2	82.7	67.4	55.9
2018	72.8	82.5	69.6	58.5
2019	74.8	83.5	71.4	61.0
2020	67.1	69.7	67.3	61.6
2021	75.5	82.0	73.1	64.6

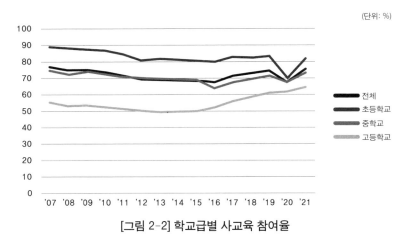

(단위: %)

[그림 2-2] 학교급별 사교육 참여율

3) 주당 사교육 참여 시간

2021년 전국 초·중·고 학생들의 주당 사교육 참여 시간은 평균적으로 6.7시간이었다. 전체 주당 사교육 참여 시간의 추이를 보면 2007년에 7.8시간이었으나 이후 감소 추세를 보이면서 2015년에는 5.7시간으로 감소하였다. 초·중·고등학생들의 주당 사교육 참여 시간은 2016년부터 다시 증가 추세로 접어들어 2019년에 6.5시간까지 증가하였다가 2020년 코로나19 사태로 인해 일시적으로 5.3시간으로 감소하였지만, 2021년에 다시금 6.7시간으로 증가하였다.

학교급별 주당 사교육 참여 시간은 2020년 코로나19 사태 이전에는 초등학교, 중학교, 고등학교 순으로 많았으나, 2021년에는 중학교, 초등학교, 고등학교 순으로 바뀌었다.

학교급별 사교육 참여 시간의 추이는 〈표 2-3〉 [그림 2-3]과 같다. 초등학생들의 주당 사교육 참여 시간은 2007년 8.9시간을 기록한 후 2015년 6.4시간으로 지속적으로 감소하였다가, 2016년부터 증가 추세로 접어들어 2019년 6.8시간으로 증가하였다. 2020년 코로나19 사태로 인해 일시적으로 4.6시간으로 감소하였지만, 2021년 다시금 6.8시간으로 증가하였다.

중학생들의 주당 사교육 참여 시간은 2007년 8.9시간을 기록한 후 2016년 6.3시간으로 지속해서 감소하였다가, 2017년부터 다시 증가 추세로 접어들어 2019년 6.8시간으로 증가하였다. 2020년 코로나19 사태로 일시적으로 6.0시간으로 감소하였지만, 2021년 다시금 7.0시간으로 증가하였다.

고등학생들의 주당 사교육 참여 시간은 2007년 4.5시간을 기록한 후 2013년 3.8시간으로 지속적으로 감소하였다가, 2014년부터 다시 증가 추세로 접어들어 2021년 6.3시간으로 꾸준히 증가하였다. 특이한 점은 2015년부터 고등학교 주당 사교육 참여 시간의 추이가 초등학교와 중학교와는 달리 코로나19의 영향을 받지 않고 지속적으로 증가하고 있었다는 점이다.

〈표 2-3〉 학교급별 주당 사교육 참여 시간

(단위: 년, 시간)

연도	전체	초등학교	중학교	고등학교
2007	7.8	8.9	8.9	4.5
2008	7.6	8.9	8.4	4.4
2009	7.4	8.6	8.3	4.4
2010	7.0	8.2	7.7	4.1
2011	6.6	7.8	7.2	4.0
2012	6.0	7.0	6.6	3.9
2013	5.9	6.9	6.5	3.8
2014	5.8	6.6	6.5	4.0
2015	5.7	6.4	6.4	4.1
2016	6.0	6.8	6.3	4.6
2017	6.1	6.7	6.4	4.9
2018	6.2	6.5	6.5	5.3
2019	6.5	6.8	6.8	5.7
2020	5.3	4.6	6.0	5.9
2021	6.7	6.8	7.0	6.3

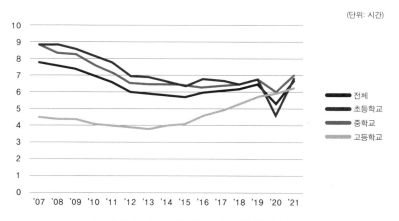

[그림 2-3] 학교급별 주당 사교육 참여 시간

4) 참여학생 1인당 월평균 사교육비

〈표 2-4〉와 [그림 2-4]에 나타나 있듯이, 2021년 사교육에 참여하고 있는 학생들의 월평균 사교육비는 48.5만 원으로 역대 최고치를 기록하였다. 초·중·고등학생들의 참여학생 1인당 사교육비 추이는 2007년 28.8만 원에서 2021년 48.5만 원으로 지속적으로 증가하였다. 학교급별 참여학생 1인당 사교육비는 고등학교, 중학교, 초등학교 순으로 많았으며 모든 학교급에서 지속적으로 증가하였다. 초등학생들의 월평균 사교육비는 2007년 25.6만 원에서 2021년 40.0만 원으로 증가하였고, 중학생들의 월평균 사교육비는 2007년 31.4만 원에서 2021년 53.5만 원으로 증가하였다. 고등학생들의 월평균 사교육비는 2007년 35.9만 원에서 2021년 64.9만 원으로 증가하였다.

〈표 2-4〉 학교급별 참여학생 1인당 월평균 사교육비

(단위: 년, 만 원)

연도	전체	초등학교	중학교	고등학교
2007	28.8	25.6	31.4	35.9
2008	31.0	27.6	33.2	38.6
2009	32.3	28.1	35.0	40.4
2010	32.7	28.3	35.3	41.3
2011	33.5	28.4	36.8	42.2
2012	34.0	27.1	39.1	44.2
2013	34.7	28.3	38.4	45.4

〈계속〉

2014	35.2	28.6	39.1	46.4
2015	35.5	28.6	39.7	47.1
2016	37.8	30.2	43.1	49.9
2017	38.2	30.7	43.2	51.0
2018	39.9	31.9	44.8	54.9
2019	42.9	34.7	47.4	59.9
2020	45.0	33.8	50.8	64.3
2021	48.5	40.0	53.5	64.9

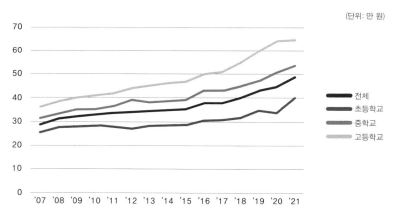

[그림 2-4] 학교급별 참여학생 1인당 월평균 사교육비

2. 교과별 사교육 참여 실태

1) 교과별 사교육 참여율

초 · 중 · 고등학생들의 일반교과와 예체능교과의 사교육 참여율은 〈표 2-5〉와 [그림 2-5]에 나타나 있다. 초 · 중 · 고등학생들의 일반교과 사교육 참여율은 2021년 61.1%로, 전체 학생의 5명 중 3명이 일반교과와 관련된 사교육에 참여하는 셈이다. 여기서 '일반교과'는 국어, 수학, 영어, 사회 · 과학, 논술, 컴퓨터 등이다. 일반교과 사교육 참여율의 추이는 2007년 68.4%를 기록한 후 2016년 51.0%까지 지속적으로 감소하였다. 2017년부터는 일반교과 사교육 참여율이 다시 증가하기 시작했지만, 2020년에 코로나19 사태의 영향으로 일시적인 감소 현상이 나타났고, 이후 다시 2021년에는 61.1%로 증가하였다.

예체능교과 사교육 참여율은 2021년 41.0%로, 전체 학생의 5명 중 2명이 예체능교과와 관련된 사교육에 참여하였다. '예체능교과'는 음악, 미술, 체육 및 기타 취미와 교양 관련 교과들이다. 예체능교과 사교육 참여율의 추이는 2007년 37.0%를 기록한 후 2012년 30.9%로 감소하였다. 2013년부터는 예체능교과 사교육 참여율이 다시 증가했으나 2020년에는 코로나19 사태의 영향으로 일시적으로 감소하였고, 2021년에 다시 41.0%로 증가하였다.

〈표 2-5〉 교과별 사교육 참여율

(단위: 년, %)

연도	일반교과	예체능교과
2007	68.4	37.0
2008	66.4	35.3
2009	66.3	34.8
2010	64.8	33.3
2011	61.6	33.1
2012	58.6	30.9
2013	57.2	32.1
2014	56.4	32.6
2015	54.7	34.6
2016	51.0	37.8
2017	52.2	41.1
2018	53.4	42.5
2019	56.7	44.0
2020	52.7	32.0
2021	61.1	41.0

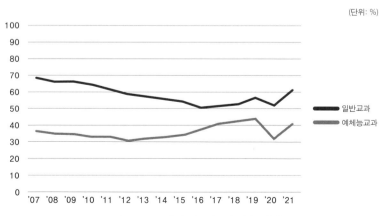

[그림 2-5] 교과별 사교육 참여율(전체)

학교급별로 교과별 사교육 참여율의 추이가 [부록 1-1] [부록 1-2] [부록 1-3]에 나타나 있듯이, 초등학교의 경우 2007년부터 2014년까지는 일반교과 사교육 참여율이 예체능교과 사교육 참여율보다 높았으나, 2015년부터 2019년까지는 그 추세가 역전되어 예체능교과 사교육 참여율이 일반교과 사교육 참여율보다 높았다. 2020년과 2021년에는 일반교과와 예체능교과의 사교육 참여율이 비슷하였다. 일반교과의 사교육 참여율은 2007년 77.4%에서 2016년 53.5%로 지속적으로 감소하였다가, 2017년부터 다시 증가하여 2019년의 사교육 참여율은 57.9%였다. 2020년에는 일반교과의 사교육 참여율이 49.9%로 일시적으로 감소하였으나 2021년에 62.0%로 다시 증가하였다. 예체능교과의 사교육 참여율은 2007년 61.4%에서 2012년 53.0%로 계속 감소하였다가, 2013년부터 다시 증가하기 시작하여 2019년 67.4%로 증가하였다. 2020년에는 46.9%로 일시적으로 감소한 뒤 2021년에는 62.6%로 증가하였다.

중학교의 교과별 사교육 참여율 추이는 2007년부터 2021년까지 일반교과의 사교육 참여율이 예체능교과의 사교육 참여율보다 높았다. 일반교과의 사교육 참여율은 2007년 71.0%에서 2016년 55.8%로 감소하였다가, 2017년부터 증가하여 2021년의 사교육 참여율은 65.6%였다. 예체능교과 사교육 참여율은 2007년 15.2%에서 2019년 26.2%로 증가하였다가 2020년에 20.2%로 일시적으로 감소한 뒤 2021년 23.7%로 다시 증가하였다.

고등학교의 교과별 사교육 참여율 추이도 2007년부터 2021년까지 일반교과의 사교육 참여율이 예체능교과의 사교육 참여율보다 높았다. 일반교과의 사교육 참여율은 2007년 46.6%에서 2013년 40.8%로 감소하였다가 2014년부터 다시 증가하여 2021년의 일반교과 사교육 참여율은 54.5%였다. 예체능교과 사교육 참여율은 2007년부터 2015년까지 10%대를 유지하다가 2016년부터 증가하기 시작하여 2021년에는 14.6%였다.

2) 교과별 참여학생 1인당 월평균 사교육비

교과별 참여학생의 1인당 월평균 사교육비는 〈표 2-6〉과 [그림 2-6]에 나타나 있듯이, 일반교과 사교육에 참여하는 학생들은 2021년에 월평균 46.0만 원을 지출하였다. 일반교과에서의 참여학생 1인당 월평균 사교육비의 추이는 2007년 26.0만 원에서 2021년 46.0만 원으로 지속적으로 증가하였다. 세부교과 중에서는 영어교과의 월평균 사교육비가 가장 높았는데, 영어교과의 참여학생 1인당 월평균 사교육비는 2007년 12.2만 원에서 2021년 22.5만 원으로 증가하였다. 두 번째로 높은 수학교과의 월평균 사교육비는 2007년 9.8만 원에서 2021년 20.7만 원으로 증가하였다.

〈표 2-6〉 일반교과 참여학생 1인당 월평균 사교육비

(단위: 년, 만 원)

연도	국어	영어	수학	사회 · 과학	일반교과 전체
2007	5.7	12.2	9.8	6.3	26.0
2008	6.3	13.7	11.1	6.7	28.4
2009	6.4	14.6	12.0	7.0	29.7
2010	6.7	15.3	12.7	7.0	30.1
2011	7.1	16.4	14.0	7.6	31.4
2012	7.8	17.3	15.6	8.0	33.0
2013	8.2	18.5	16.2	8.0	33.5
2014	8.0	19.0	16.9	8.4	33.8
2015	8.6	19.6	18.0	9.5	34.8
2016	9.1	20.1	18.0	9.6	37.5
2017	9.7	19.9	18.1	9.6	37.9
2018	10.4	20.7	18.7	10.3	39.8
2019	10.8	21.3	19.1	10.8	41.5
2020	12.5	22.6	21.1	12.6	45.4
2021	12.2	22.5	20.7	11.6	46.0

(단위: 만 원)

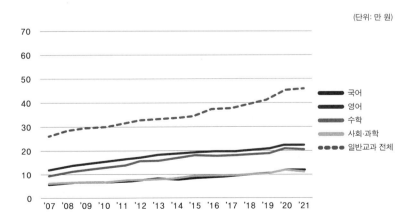

[그림 2-6] 일반교과 참여학생 1인당 월평균 사교육비(전체)

학교급별 일반교과의 월평균 사교육비의 추이를 보면, [부록 2-1] [부록 2-2] [부록 2-3]에 나타나 있듯이, 초등학교의 일반교과 참여학생 1인당 월평균 사교육비는 2007년 20.7만 원에서 2021년 33.7만 원까지 지속적으로 증가하였다. 세부교과별 참여학생의 1인당 월평균 사교육비는 영어, 수학 순으로 높았다. 영어는 2007년 11.4만 원에서 2021년 19.4만 원으로 증가하였고, 수학은 2007년 6.5만 원에서 2021년 12.8만 원으로, 국어와 사회·과학은 2007년 4만 원대에서 2021년 각각 7.1만 원과 6.8만 원으로 증가하였다.

중학교의 일반교과 참여학생 1인당 사교육비는 2007년 30.8만 원에서 2021년 53.4만 원까지 증가하였다. 중학생들은 국어와 사회·과학보다 영어와 수학에 많은 사교육비를 지출하였다. 영어와 수학은 2007년 11만 원대에서 2021년 24만 원대로 증가하였으며, 국어와 사회·과학은 2007년 각각 6.5만 원과 7.3만 원에서 2021년 각각 13.7만 원과 12.7만 원으로 증가하였다.

고등학교의 일반교과 참여학생 1인당 월평균 사교육비는 2007년 36.4만 원에서 2021년 65.5만 원까지 지속적으로 증가하였다. 참여학생 1인당 월평균 사교육비는 세부교과별로 수학, 영어, 국어, 사회·과학 순으로 높았으며, 이 순위는 2007년부터 2021년까지 꾸준히 지속되었다. 수학은 2007년 19.2만 원에서 2021년 32.8만 원으로, 영어는 2007년 17.1만 원에서 2021년 28.2만 원으로, 국어는 2007년 11.5만 원에서 2021년 23.6만 원으로, 사회·과학은 2007년 9.7만 원에서 2021년 20.4만 원으로 증가하였다.

사교육에 참여하는 학생들이 2021년 예체능교과에 지출한 비용

은 〈표 2-7〉과 [그림 2-7]에 나타나 있듯이 1인당 월평균 20.3만 원
으로 나타났다. 예체능교과의 참여학생 1인당 월평균 사교육비는
2007년 11.7만 원에서 2021년 20.3만 원으로 증가하였다. 세부교과
별로 보면, 미술교과의 참여학생 1인당 월평균 사교육비가 2007년
9.3만 원에서 2021년 15.8만 원까지 증가하였으며, 미술교과는 대
체로 음악이나 체육교과에 비하여 사교육비 지출액이 다소 높게 나
타났다. 취미·교양의 경우 월평균 사교육비 지출액이 2007년에는
7.3만 원으로 예체능교과의 세부교과 중 가장 낮았지만, 2021년에
는 16.5만 원으로 가장 높았다. 체육의 참여학생 1인당 월평균 사
교육비는 2007년 7.8만 원에서 2021년 14.3만 원까지 증가하였으
나, 이는 예체능교과들 중에서는 가장 낮은 수치다.

〈표 2-7〉 예체능교과 참여학생 1인당 월평균 사교육비

(단위: 년, 만 원)

연도	음악	미술	체육	취미·교양	예체능교과 전체
2007	9.1	9.3	7.8	7.3	11.7
2008	9.8	10.2	7.9	7.9	12.4
2009	10.7	10.5	8.4	8.2	12.9
2010	11.2	10.9	8.9	8.2	13.5
2011	11.6	11.3	9.1	9.5	13.9
2012	11.5	12.7	9.2	10.4	13.6
2013	12.3	13.4	9.6	12.2	14.7
2014	12.6	13.2	10.3	12.5	15.5
2015	12.3	14.0	10.7	13.1	15.3

〈계속〉

2016	12.9	13.6	11.0	12.4	16.8
2017	13.2	13.8	11.8	13.9	17.4
2018	13.6	14.4	12.1	13.5	17.8
2019	14.2	14.1	12.9	13.9	18.9
2020	15.3	16.8	14.0	18.3	18.8
2021	15.2	15.8	14.3	16.5	20.3

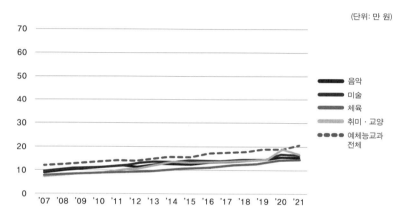

[그림 2-7] 예체능교과 참여학생 1인당 월평균 사교육비(전체)

학교급별 예체능교과의 월평균 사교육비 추이는 [부록 3-1] [부록 3-2] [부록 3-3]에 나타나 있듯이, 초등학교의 예체능교과 참여학생 1인당 월평균 사교육비는 2007년 11.0만 원에서 2021년 19.0만 원까지 증가하였다. 세부교과별로는 2018년까지 음악에서의 1인당 월평균 사교육비가 가장 높았으며, 그다음으로 체육이 높았다.

중학교의 예체능교과 참여학생 1인당 월평균 사교육비는 2007년 10.2만 원에서 2021년 17.2만 원으로 증가하였다. 세부교과별로는 미술의 참여학생 1인당 월평균 사교육비가 2007년 12.9만 원에서 2021년 18.3만 원으로 증가하였으며, 이는 예체능교과의 세부교과 중에서 사교육 지출액이 가장 높았다. 취미·교양의 경우 2011년 이전에는 1인당 월평균 사교육비가 가장 낮았지만, 점차 증가하여 2015년부터는 미술에 이어 두 번째로 높았다. 그다음은 음악, 체육 순으로 1인당 월평균 사교육비가 높은 것으로 나타났다.

고등학교의 예체능교과 참여학생 1인당 월평균 사교육비는 2007년 23.4만 원에서 2021년 37.0만 원으로 증가하였다. 세부교과별로는 미술이 2007년 36.3만 원에서 2021년 50.4만 원으로 증가하였으며, 이는 2021년의 예체능 세부교과 중 가장 높은 수치였다. 그다음은 음악, 취미·교양, 체육 순으로 1인당 월평균 사교육비가 높게 나타났다.

🖥 3. 참여유형별 사교육 참여 실태

1) 참여유형별 사교육 참여율

사교육의 여러 참여유형 중 가장 많은 학생이 참여하는 형태는 학원수강이었다. 2021년 2명 중 1명이 학원에 다닐 만큼 학원수강 사교육 참여율이 다른 참여유형 대비 가장 높았다. 〈표 2-8〉과 [그림 2-8]에서 보듯이, 학원수강 참여율은 2007년 47.2%에서 2016년 35.8%로 감소하였다가 2017년부터 다시 증가하여 2021년에는

44.5%로 나타났다. 방문학습지는 학원수강에 이어 두 번째로 참
여율이 높았는데, 방문학습지 사교육 참여율은 2007년 25.2%에
서 2021년에는 11.7%로 감소하였다. 그다음은 개인과외와 그룹과
외의 참여율이 높았으며, 이 둘의 참여율은 비슷하였다. 그룹과외
의 사교육 참여율은 2007년 11.8%에서 2021년 9.0%로 감소한 반
면, 개인과외의 경우 2007년 9.6%에서 2021년 10.1%로 증가하였
다. 사교육 참여유형 중 가장 낮은 참여율을 보인 것은 인터넷·통
신강의였지만, 사교육 참여율이 2007년 3.2%에서 2021년 10.3%로
증가하여 가장 큰 증가폭을 나타냈다.

〈표 2-8〉 일반교과 참여유형별 사교육 참여율

(단위: 년, %)

연도	개인과외	그룹과외	학원수강	방문학습지	인터넷·통신강의
2007	9.6	11.8	47.2	25.2	3.2
2008	10.1	10.4	47.9	22.4	3.1
2009	11.0	11.7	46.9	21.3	3.7
2010	10.6	11.7	45.5	19.5	3.7
2011	10.6	11.1	43.4	16.6	3.0
2012	10.5	10.7	41.6	13.4	2.8
2013	10.4	10.7	40.3	12.5	2.5
2014	9.8	10.2	39.1	12.7	2.4
2015	10.6	10.2	36.3	11.6	2.2
2016	9.6	8.8	35.8	11.9	5.1
2017	8.7	9.3	36.4	12.3	5.2
2018	9.2	9.4	37.1	12.8	6.0

(계속)

2019	8.9	9.3	41.1	12.9	7.5
2020	8.7	8.3	37.9	10.5	6.4
2021	10.1	9.0	44.5	11.7	10.3

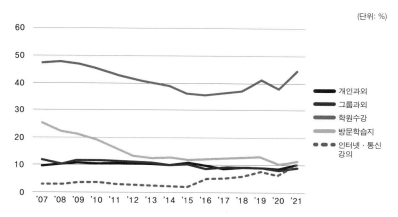

(단위: %)

[그림 2-8] 일반교과 참여유형별 사교육 참여율(전체)

학교급별 참여유형에 따른 일반교과 사교육 참여율 추이를 보면, [부록 4-1] [부록 4-2] [부록 4-3]에 나타나 있듯이, 초등학교는 학원수강 사교육 참여율이 가장 높았으며, 그다음은 방문학습지, 그룹과외 순이었다. 2016년 이전에는 개인과외 사교육 참여율이 인터넷·통신강의 사교육 참여율보다 높았지만, 2016년 이후부터는 상황이 역전되어 인터넷·통신강의 사교육 참여율이 개인과외 사교육 참여율보다 높았다. 학원수강 참여율은 전반적으로 감소하였으나, 2008년, 2019년, 2021년에 일시적으로 증가하였다. 방문학습지 참여율은 2007년 41.7%에서 2021년 20.1%까지 감소하였으며, 그룹과외 참여율도 2007년 14.4%에서 2021년 9.7%까지 감소하였다.

중학교의 경우 학원수강 사교육 참여율이 가장 높았으며, 다른 참여유형의 경우 연도에 따라 순위가 계속 바뀌었다. 학원수강 참여율은 2007년 56.4%에서 2016년 45.6%까지 감소하였다가 2017년부터 다시 증가하여 2021년에는 52.7%를 기록하였다. 개인과외와 그룹과외 참여율은 2007년 각각 11.2%, 9.6%에서 증감을 반복하다가 2021년에는 각각 11.9%, 10.7%로 나타났다. 방문학습지 참여율은 2007년 14.5%에서 2021년 5.7%로 감소한 반면, 인터넷·통신강의 참여율은 2007년 3.2%에서 2021년 8.4%로 증가하였다.

고등학교의 경우 학원수강 사교육 참여율이 가장 높게 나타났으며, 그다음으로 높은 것은 개인과외였다. 2020년까지는 그룹과외가 인터넷·통신강의보다 참여율이 높았던 반면, 2021년에는 그 순위가 역전되었다. 방문학습지 참여율은 모든 연도에서 가장 낮은 참여율을 보였다. 학원수강 참여율은 2007년 29.8%에서 2013년 27.3%로 감소하였다가, 2014년부터 다시 증가하여 2021년 42.8%까지 증가하였다. 개인과외 참여율은 2007년 13.9%에서 이후 증감을 반복하다가 2021년 13.5%로 나타났으며, 그룹과외 참여율은 2007년 8.6%에서 2021년 5.9%로 감소하였다. 인터넷·통신강의 참여율은 2007년 5.6%에서 2017년 3.3%까지 감소하였다가, 2018년부터 다시 증가하여 2021년 9.4%까지 증가하였다. 방문학습지 참여율은 2007년 2.4%에서 2021년 0.5%로 대체로 감소하였다.

일반교과와 마찬가지로 예체능교과도 학원수강 참여율이 가장

높게 나타났으며, 다른 참여유형의 경우 참여율의 순위가 매년 바
뀌었다. 〈표 2-9〉와 [그림 2-9]에서 보듯이, 학원수강 참여율은
2007년 30.6%에서 2012년까지 24.7%로 감소하였다가, 2013년부
터 다시 증가하여 2019년 34.8%로 증가하였다. 2020년에는 코로
나19의 영향으로 인해 25.0%로 감소하였으나, 2021년에 34.0%
로 다시 증가하였다. 개인과외와 그룹과외 참여율은 2007년 각
각 4.7%, 4.8%에서 이후 증감을 반복하였으며, 2021년에는 각각
4.9%, 3.4%을 기록하였다. 방문수업 참여율은 2007년 1.8%에서
2014년 0.6%로 감소하였다가 2015년부터 증가하여 2019년에는
5.8%로 나타났다. 이후 방문수업 참여율은 2020년에 코로나19로
다시 감소하였다가 2021년에는 3.2% 수준으로 증가하였다.

〈표 2-9〉 예체능교과 참여유형별 사교육 참여율

(단위: 년, %)

연도	개인과외	그룹과외	학원수강	방문수업
2007	4.7	4.8	30.6	1.8
2008	4.4	3.9	29.6	1.5
2009	5.1	4.7	27.9	1.4
2010	5.1	4.8	26.3	1.4
2011	5.0	4.8	26.2	1.3
2012	3.8	3.7	24.7	1.7
2013	4.8	4.1	25.7	0.8
2014	4.9	4.2	26.4	0.6
2015	6.0	4.6	26.4	0.9
2016	5.7	4.1	29.2	5.3

〈계속〉

2017	5.8	4.9	31.3	6.0
2018	6.4	5.1	32.3	5.7
2019	5.6	5.0	34.8	5.8
2020	4.6	3.0	25.0	2.4
2021	4.9	3.4	34.0	3.2

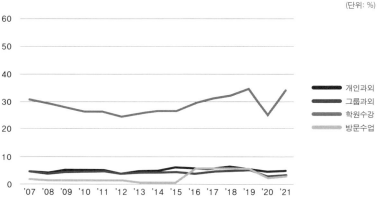

[그림 2-9] 예체능교과 참여유형별 사교육 참여율(전체)

　학교급별 참여유형에 따른 예체능교과 사교육 참여율 추이는 [부록 5-1] [부록 5-2] [부록 5-3]에 나타나 있듯이, 초등학교의 경우 예체능교과 참여유형 중 학원수강 참여율이 가장 높게 나타났으며, 다른 참여유형은 참여율의 순위가 매년 바뀌었다. 학원수강 참여율은 2007년 51.9%에서 2012년까지 44.4%로 감소하였다가 2013년부터 다시 증가하기 시작하여 2019년 55.9%로 나타났다. 2020년에는 코로나19로 인해 일시적으로 감소하였다가 2021년에 54.1%로 다시 증가하였다. 개인과외와 그룹과외 수강률은 2007년에 각각 7.4%, 8.3%로 이후 증감을 반복하다가 2021년 각각 6.5%, 5.0%로 나타났다. 방문수업 참여율은 2007년 2.9%에서 2014년 1.0%로 감소하였다가 2015년 1.7%에서 2017년 10.4%로 증가하였으며, 2018년부터 감소하였다가 2021년에 다시 증가하여 4.6%로 나타났다.

초등학교와 마찬가지로, 중학교도 예체능교과 참여유형 중 학원수강 참여율이 가장 높았으며 그다음 대체로 개인과외, 그룹과외, 방문수업 순이었다. 학원수강 참여율의 경우 2007년 10.4%부터 2021년 16.8%까지 증가 추세를 보였다. 개인과외와 그룹과외 참여율은 2007년 각각 2.5%, 2.0%에서 이후 증감을 반복하다가 2021년에는 각각 3.9%, 2.6%를 기록하였다. 방문수업 참여율은 2007년 0.9%에서 증감을 반복하다가 2021년에 2.0%를 기록하였다.

고등학교의 예체능 사교육 참여율은 학원수강, 개인과외 순으로 높았다. 2015년까지는 그룹과외가 방문수업보다 참여율이 높았지만 2016년부터는 그룹과외보다 방문수업의 참여율이 높게 나타났다. 학원수강 참여율은 2007년 8.2%를 기록한 후, 증감을 반복하다가 2021년에는 10.3%로 나타났다. 개인과외 참여율과 그룹과외 참여율은 2007년에 각각 1.4%, 0.6%를 기록한 후, 증감을 반복하다가 2021년에는 각각 2.8%, 0.9%로 나타났다. 방문수업 참여율은 2007년부터 2015년까지 0.2~0.3%를 유지하다가 2016년에 1%대로 증가하여 2021년까지 그 수준을 유지하고 있다.

2) 참여유형별 참여학생 1인당 월평균 사교육비

일반교과 참여유형별 월평균 사교육비는 〈표 2-10〉과 [그림 2-10]

에 나타나 있듯이, 2021년에 학원수강, 개인과외 사교육비, 그룹과외 사교육비 순으로 높았고, 방문학습지와 인터넷 · 통신강의 사교육비는 상대적으로 낮았다. 특이한 것은 2014년까지 개인과외 사교육비가 가장 높았다면, 2015년부터는 학원수강 사교육비가 가장 높았다는 점이다. 일반교과 참여유형별 참여학생 1인당 월평균 사교육비는 2007년 개인과외 28.5만 원, 그룹과외 16.5만 원, 학원수강 23.0만 원, 방문학습지 7.9만 원, 인터넷 · 통신강의가 6.9만 원이었으나, 2021년에는 개인과외 37.4만 원, 그룹과외 26.2만 원, 학원수강 43.8만 원, 방문학습지 9.9만 원, 인터넷 · 통신강의 12.6만 원으로 모든 참여유형에서 증가하였다.

〈표 2-10〉 일반교과 참여유형별 참여학생 1인당 월평균 사교육비

(단위: 년, 만 원)

연도	개인과외	그룹과외	학원수강	방문학습지	인터넷 · 통신강의
2007	28.5	16.5	23.0	7.9	6.9
2008	28.5	17.7	25.3	8.0	7.8
2009	30.1	17.8	26.1	8.1	8.3
2010	30.3	18.8	26.8	8.0	8.1
2011	31.6	19.4	28.2	8.0	8.6
2012	31.7	21.2	29.8	8.2	8.8
2013	31.8	20.1	30.9	8.2	8.2
2014	33.1	21.1	31.7	8.3	8.3
2015	32.0	21.4	33.6	8.8	9.6
2016	32.4	21.7	35.2	8.9	8.4
2017	32.3	22.8	36.4	9.2	8.9

〈계속〉

2018	32.8	23.5	38.5	9.2	9.7
2019	34.2	23.5	39.7	9.4	9.9
2020	37.8	27.1	43.4	10.7	12.3
2021	37.4	26.2	43.8	9.9	12.6

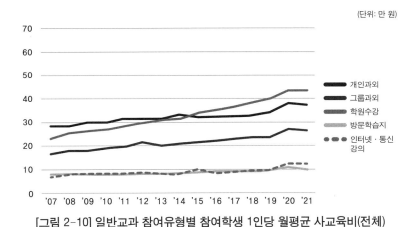

[그림 2-10] 일반교과 참여유형별 참여학생 1인당 월평균 사교육비(전체)

학교급별로 일반교과의 참여유형에 따른 참여학생 1인당 월평균 사교육비는 [부록 6-1] [부록 6-2] [부록 6-3]에 나타나 있듯이, 초등학교의 경우 학원수강, 개인과외, 그룹과외 순으로 높았다. 그다음은 방문학습지와 인터넷 · 통신강의인데 2019년까지는 방문학습지 사교육비가 인터넷 · 통신강의 사교육비보다 높았던 반면에, 2020년부터는 인터넷 · 통신강의 사교육비가 방문학습지 사교육비보다 높았다. 초등학교의 일반교과 참여유형별 참여학생 1인당 월평균 사교육비는 2007년 개인과외 15.7만 원, 그룹과외 11.5만 원, 학원수강 19.2만 원, 방문학습지 8.2만 원, 인터넷 · 통신강의 5.5만 원이었으나, 2021년에는 개인과외 25.4만 원, 그룹과외 18.7만 원, 학원수강

33.1만 원, 방문학습지 10.0만 원, 인터넷 · 통신강의 12.6만 원으로 모든 참여유형에서 증가한 것으로 나타났다.

중학교의 일반교과 참여학생 1인당 월평균 사교육비는 2021년에 학원수강, 개인과외, 그룹과외, 인터넷 · 통신강의, 방문학습지 순으로 높았다. 중학교의 일반교과 참여유형별 참여학생 1인당 월평균 사교육비는 2007년 개인과외 29.9만 원, 그룹과외 21.6만 원, 학원수강 26.9만 원, 방문학습지 6.9만 원, 인터넷 · 통신강의 7.9만 원이었으나, 2021년에는 개인과외 38.7만 원, 그룹과외 31.6만 원, 학원수강 48.1만 원, 방문학습지 8.9만 원, 인터넷 · 통신강의 13.3만 원으로 모든 참여유형에서 증가하였다.

고등학교의 일반교과 참여유형별 참여학생 1인당 사교육비는 개인과외와 학원수강이 가장 높았는데, 2015년 이전에는 개인과외가 가장 높았고 2015년부터는 학원수강이 가장 높았다. 그다음은 그룹과외, 인터넷 · 통신강의, 방문학습지 순으로 참여학생 1인당 사교육비가 높았다. 고등학교의 일반교과 참여유형별 참여학생 1인당 월평균 사교육비는 2007년에 개인과외 40.3만 원, 그룹과외 27.6만 원, 학원수강 28.4만 원, 방문학습지 5.5만 원, 인터넷 · 통신강의 7.4만 원이었으나, 2021년에는 개인과외 50.3만 원, 그룹과외 41.4만 원, 학원수강 59.2만 원, 방문학습지 9.2만 원, 인터넷 · 통신강의 11.8만 원으로 모든 참여유형에서 증가하였다.

예체능교과 참여유형별 참여학생 1인당 월평균 사교육비는 〈표 2-11〉과 [그림 2-11]에 나타나 있듯이, 2021년에 개인과외, 학원수강, 그룹과외, 방문수업 순으로 높았다. 예체능교과 참여유형별 참여학생 1인당 월평균 사교육비는 2007년 개인과외 13.8만 원, 그룹과외 6.5만 원, 학원수강 10.7만 원, 방문수업 6.4만 원이었으나, 2021년에는 개인과외 23.5만 원, 그룹과외 14.3만 원, 학원수강 18.9만 원, 방문수업 7.9만 원으로 모든 참여유형에서 증가한 것으로 나타났다.

〈표 2-11〉 예체능교과 참여유형별 참여학생 1인당 월평균 사교육비

(단위: 년, 만 원)

연도	개인과외	그룹과외	학원수강	방문수업
2007	13.8	6.5	10.7	6.4
2008	14.9	6.7	11.3	6.5
2009	18.1	7.3	11.2	6.8
2010	18.8	7.5	11.6	7.2
2011	18.3	7.6	12.3	8.4
2012	16.3	7.7	12.9	7.1
2013	17.0	8.0	13.7	7.3
2014	18.8	8.8	14.0	6.2
2015	16.4	9.4	14.4	9.2
2016	18.1	10.3	15.6	6.0
2017	20.3	11.2	16.0	7.0
2018	18.9	11.8	16.7	6.3
2019	21.6	12.7	17.5	6.5
2020	24.0	15.8	16.9	8.7
2021	23.5	14.3	18.9	7.9

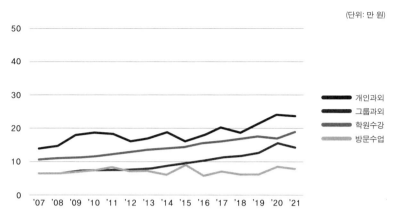

(단위: 만 원)

[그림 2-11] 예체능교과 참여유형별 참여학생 1인당 월평균 사교육비(전체)

  학교급별 예체능교과 참여유형에 따른 참여학생 1인당 월평균 사교육비는 [부록 7-1] [부록 7-2] [부록 7-3]에 나타나 있다. 초등학교의 예체능교과 참여유형별 참여학생 1인당 사교육비는 2021년에 개인과외, 학원수강, 그룹과외, 방문수업 순으로 높았다. 초등학교의 예체능교과 참여유형별 참여학생 1인당 월평균 사교육비는 2007년 개인과외 12.2만 원, 그룹과외 6.1만 원, 학원수강 9.9만 원, 방문수업 6.2만 원이었으나, 2021년에는 개인과외 18.9만 원, 그룹과외 13.2만 원, 학원수강 17.8만 원, 방문수업 7.7만 원으로 모든 참여유형에서 증가한 것으로 나타났다.

  중학교의 예체능교과 참여유형별 참여학생 1인당 사교육비는 2021년에 개인과외, 학원수강, 그룹과외, 방문수업 순으로 높았다. 중학교의 예체능교과 참여유형별 참여학생 1인당 월평균 사교육비는 2007년 개인과외 14.9만 원, 그룹과외 7.3만 원, 학원수강 9.3만 원, 방문수업 6.3만 원이었으나, 2021년 개인과외 22.9만 원, 그룹과외 14.9만 원, 학원수강 15.7만 원, 방문수업 7.7만 원으로 모든 참여유형에서 증가하였다.

고등학교의 예체능교과 참여유형별 참여학생 1인당 사교육비는 개인과외, 학원수강, 그룹과외, 방문수업 순으로 높았다. 개인과외 월평균 사교육비는 2007년 28.5만 원에서 이후 증감을 반복하다가 2021년에는 46.8만 원이었고, 학원수강 월평균 사교육비는 2007년 23.0만 원에서 이후 증감을 반복하다가 2021년에는 36.3만 원을 기록하였다. 그룹과외와 방문수업 월평균 사교육비는 2007년 각각 15.2만 원과 8.5만 원에서 이후 증감을 반복하다가 2021년에는 각각 25.1만 원, 9.3만 원으로 나타났다.

📝 4. 시·도별 사교육 참여 실태

1) 시 · 도별 사교육 참여율

시 · 도별 사교육 참여율은 〈표 2-12〉와 [그림 2-12]에 나타나 있듯이, 서울특별시의 사교육 참여율이 2012년과 2019년을 제외한 모든 연도에서 전국 시지역 중 가장 높았다. 특이한 사교육 참여율 추이를 보인 곳은 세종특별자치시인데, 세종특별자치시는 2014년 사교육 참여율이 66.3%로 다른 시지역에 비해 낮은 수준의 참여율을 보였으나, 참여율이 계속 증가하여 2018년부터는 서울특별시

수준의 높은 참여율을 보였다. 인천광역시, 울산광역시, 광주광역시의 사교육 참여율은 60%대 중반에서 70%대 중반 사이로, 전반적으로 다른 시지역에 비해 사교육 참여율이 낮았다.

〈표 2-12〉 시지역별 사교육 참여율

(단위: 년, %)

연도	서울	부산	대구	인천	광주	대전	울산	세종
2009	79.6	72.4	77.5	73.9	75.9	74.2	75.4	–
2010	77.5	72.7	77.4	72.1	74.5	75.4	73.5	–
2011	77.0	69.7	74.4	70.0	72.7	73.2	72.3	–
2012	73.5	68.7	75.4	66.6	70.8	73.4	70.9	–
2013	75.0	67.3	71.9	65.3	69.8	72.7	67.3	–
2014	74.4	65.8	70.3	65.9	68.7	70.5	67.6	66.3
2015	74.3	67.8	71.3	65.9	68.8	70.2	69.6	67.7
2016	73.7	69.8	68.9	64.9	64.8	68.8	68.1	69.2
2017	77.6	73.0	74.0	68.0	68.7	72.7	69.4	74.5
2018	79.9	70.3	73.7	72.6	69.4	73.8	73.3	77.9
2019	80.0	75.9	75.5	75.1	73.7	74.5	73.0	81.3
2020	75.0	67.1	65.9	66.6	67.1	68.2	65.2	73.0
2021	81.5	77.4	79.1	73.9	73.6	75.6	73.7	81.1

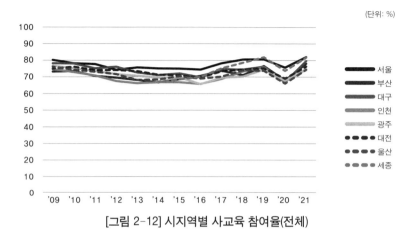

[그림 2-12] 시지역별 사교육 참여율(전체)

학교급별로 시지역에 따른 사교육 참여율은 [부록 8-1] [부록 8-2]
[부록 8-3]에 나타나 있듯이, 초등학교의 시지역별 사교육 참여율
은 서울특별시의 사교육 참여율이 대체로 높았다. 초등학교 사교
육 참여율 추이가 특이한 시는 대구광역시인데, 대구광역시의 경우
2012년 사교육 참여율이 90.8%로 전국 시지역 중 가장 높았지만, 참
여율이 점차 감소하여 2021년에는 87.1%로 오히려 서울특별시에 비
해 참여율이 낮았다. 인천광역시, 광주광역시, 울산광역시의 사교육
참여율은 2021년에 모두 70%대로 이는 다른 시지역에 비해 사교육
참여율이 낮았다.

　중학교의 시지역별 사교육 참여율에서도 서울특별시의 사교육
참여율이 대체로 높았다. 초등학교와 마찬가지로, 대구광역시의
중학교는 2010년부터 2013년까지 사교육 참여율이 가장 높았으
나, 그 이후 점차 감소하여 사교육 참여율이 전국 평균 수준을 기
록하였다. 세종특별자치시의 사교육 참여율은 2014년에는 66.0%

로 다른 시지역 대비 낮은 수준의 참여율을 보였으나, 그 이후 참여율이 계속 증가하여 2018년부터는 서울특별시 수준으로 높아졌다. 인천광역시의 사교육 참여율은 2018년 이전에는 다른 시지역에 비해 낮은 편에 속했지만, 2018년부터는 다른 시지역 수준으로 증가하였다.

고등학교의 시지역별 사교육 참여율은 서울특별시의 사교육 참여율이 2009년 67.3%에서 2021년 73.4%로 증가하면서, 전국 시지역 중 가장 높았다. 세종특별자치시는 사교육 참여율이 2014년에는 40.9%로 전국 시지역 중 가장 낮은 수준이었으나, 그 이후 점차 증가하여 2021년에는 사교육 참여율이 72.8%로 서울특별시와 유사한 수준으로 높아졌다. 광주광역시와 인천광역시의 사교육 참여율은 40%대 중반에서 60%대 초반으로 증가하였으나, 이는 전국의 시지역 중에서 상대적으로 낮은 참여율이었다.

도지역별 사교육 참여율은 〈표 2-13〉과 [그림 2-13]에 나타나 있듯이, 경기도가 2009년 77.4%에서 2021년 77.6%로 증가하며 전국에서 사교육 참여율이 가장 높았다. 경상남도의 사교육 참여율은 2009년 75.6%에서 2021년 72.7%로 감소하였으나, 이는 2019년 이전까지 경기도 다음으로 사교육 참여율이 높았다. 전라북도는 2011년에 사교육 참여율이 60%대 초반으로 전국 도지역 중 가장 낮았으나, 그 이후 사교육 참여율이 점차 증가하여 2021년에는 69.8%로 전국 평균 수준까지 높아졌다. 2015년부터 2021년까지는 전라남도의 사교육 참여율이 50%대 중반에서 60%대 중반까지 증가하였으나, 이는 전국의 도지역 중에서는 참여율이 가장 낮았다.

〈표 2-13〉 도지역별 사교육 참여율

(단위: 년, %)

연도	경기	강원	충북	충남	전북	전남	경북	경남	제주
2009	77.4	68.1	69.4	68.5	65.8	67.7	74.0	75.6	68.7
2010	76.5	66.5	66.9	66.2	65.2	65.9	70.0	73.6	70.0
2011	75.4	61.1	64.9	66.7	60.9	62.7	68.5	69.4	68.5
2012	70.9	64.5	63.9	61.2	62.0	62.1	67.6	68.6	66.5
2013	72.0	61.9	62.5	60.7	59.9	59.0	64.3	67.3	64.4
2014	72.8	60.9	60.7	61.1	59.4	58.5	64.5	67.1	63.3
2015	72.3	62.2	61.6	61.2	60.6	59.6	64.5	66.9	64.2
2016	71.5	61.4	60.5	58.8	60.9	54.9	64.0	65.2	64.6
2017	74.0	65.5	63.0	64.6	64.6	57.0	67.3	70.0	66.3
2018	76.1	65.8	69.4	63.7	65.5	61.5	67.7	70.3	68.4
2019	78.3	65.7	69.0	69.4	68.3	60.9	69.7	72.0	72.1
2020	68.4	63.6	61.6	59.2	62.8	58.1	60.5	64.8	66.9
2021	77.6	69.7	69.5	67.2	69.8	66.5	71.8	72.7	72.7

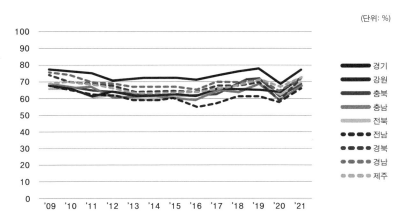

[그림 2-13] 도지역별 사교육 참여율(전체)

도지역의 학교급별 사교육 참여율은 [부록 9-1] [부록 9-2] [부록 9-3]에 나타나 있듯이, 초등학교의 경우 2021년 경기도의 사교육 참여율이 전국 도지역 중에서 가장 높았다. 그러나 경기도 초등학교의 사교육 참여율은 2009년 89.2%에서 2021년 83.6%로 점차 감소하는 추세를 보였다. 경상북도의 경우 2009년에는 사교육 참여율이 90.5%로 전국 도지역 중 가장 높았지만, 그 이후 사교육 참여율이 점차 감소하여 2020년에는 사교육 참여율이 63.5%로 전국 도지역 중 두 번째로 낮았다. 전라남도 초등학교의 사교육 참여율은 2012년까지 전국 평균 수준의 사교육 참여율을 유지하였으나, 그 이후 사교육 참여율이 점차 감소하여 2016년부터 2020년까지 전국에서 사교육 참여율이 가장 낮았다.

중학교의 경우 2021년 경기도의 사교육 참여율이 전국 도지역 중 가장 높은 것으로 나타났으며, 사교육 참여율은 2009년 76.4%에서 2021년 74.5%까지 증감을 반복하였다. 그다음으로는 경상북도가 두 번째로 사교육 참여율이 높았는데, 경상북도 중학교의 사교육 참여율은 2009년 77.5%에서 2021년 73.4% 사이에 증감을 반복하였다. 전라남도는 2009년에 사교육 참여율이 69.2%로 전국 평균 수준이었지만, 사교육 참여율이 점차 감소하여 2016년과 2017년, 2019년과 2021년에는 전국 도지역 중 가장 낮았다.

고등학교의 경우 경기도의 사교육 참여율이 2009년 55.8%에서 2021년 67.8%로 증가하였으며, 이는 전국 도지역 중에서 가장 높은 참여율이었다. 그다음은 경상남도 고등학교의 사교육 참여율이 2021년에 두 번째로 높았는데, 2009년 49.5%에서 2021년

62.3%로 증가하였다. 전라남도 고등학교의 사교육 참여율은 2009년 39.2%에서 2021년 50.2%로 증가하였지만, 전국 도지역 중에서는 2021년에 사교육 참여율이 가장 낮았다. 충청남도 고등학교의 사교육 참여율이 2012~2015년에는 30%대로 전국 도지역에서 가장 낮았지만, 2016년부터 점차 증가하여 2021년에는 54.6%로 전국 평균 수준을 유지하였다.

2) 시 · 도별 참여학생 1인당 월평균 사교육비

시지역별 참여학생 1인당 월평균 사교육비는 〈표 2-14〉와 [그림 2-14]에서 보듯이, 서울특별시가 2009년 41.6만 원에서 2021년 64.9만 원까지 증가하였으며, 이는 전국 시지역 중 사교육 지출액이 가장 높은 것이었다. 대구광역시의 참여학생 1인당 사교육비는 2009년 32.3만 원에서 2021년 50.5만 원으로 증가하였으며, 이는 서울특별시 다음으로 2021년 월평균 사교육비가 높은 것이었다. 울산광역시의 참여학생 1인당 월평균 사교육비는 2009년에는 31.0만 원으로 전국 시지역에서 네 번째로 높은 수준이었지만, 2021년에는 40.7만 원으로 전국에서 가장 낮았다. 세종특별자치시의 참여학생 1인당 월평균 사교육비는 2014년에 28.1만 원으로 전국 시지역 중에서 가장 낮았지만, 2021년에는 45.6만 원으로 전국 평균 수준까지 증가하였다.

〈표 2-14〉 시지역별 참여학생 1인당 월평균 사교육비

(단위: 년, 만 원)

연도	서울	부산	대구	인천	광주	대전	울산	세종
2009	41.6	28.0	32.3	29.8	27.6	31.6	31.0	–
2010	41.5	28.6	32.3	30.5	28.6	31.5	31.4	–
2011	42.6	29.6	32.8	30.5	29.8	32.0	31.6	–
2012	42.5	33.5	32.9	30.4	32.7	33.2	31.7	–
2013	43.7	34.1	33.6	31.9	34.3	35.5	33.3	–
2014	45.0	34.5	34.5	32.1	33.7	36.4	32.8	28.1
2015	45.5	34.5	34.2	32.4	33.1	36.2	31.5	29.0
2016	47.8	36.7	38.4	35.8	35.2	37.3	35.0	34.2
2017	50.4	37.8	40.6	36.9	35.7	37.9	34.0	35.3
2018	51.5	39.3	41.0	38.1	37.7	36.6	36.1	37.0
2019	56.3	41.6	43.5	41.6	37.4	41.7	37.6	42.0
2020	60.5	42.3	44.0	45.2	44.6	44.3	39.0	42.0
2021	64.9	47.7	50.5	46.5	43.5	48.1	40.7	45.6

(단위: 만 원)

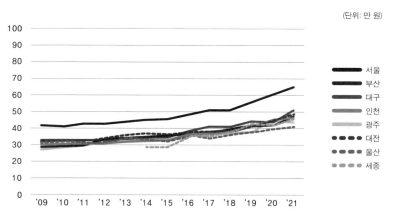

[그림 2-14] 시지역별 참여학생 1인당 월평균 사교육비(전체)

학교급별 시지역에 따른 참여학생 1인당 월평균 사교육비의 추이는 [부록 10-1] [부록 10-2] [부록 10-3]에 나타나 있다. 초등학교의 경우 서울특별시의 참여학생 1인당 월평균 사교육비는 2009년 34.4만 원에서 2021년 54.0만 원까지 증가하였으며, 전국 시지역 중 월평균 사교육비가 가장 높았다. 울산광역시의 참여학생 1인당 월평균 사교육비는 2009년 28.4만 원으로 전국 시지역 중 세 번째로 높았지만, 2021년에는 33.6만 원으로 가장 낮았다. 부산광역시의 참여학생 1인당 월평균 사교육비는 2009년에 22.5만 원으로 전국 시지역 중에서 가장 낮았지만 2021년에는 39.1만 원으로 전국 평균 수준까지 증가하였다.

중학교의 경우 서울특별시의 참여학생 1인당 월평균 사교육비는 2009년 42.4만 원에서 2021년 67.1만 원으로 증가하였으며, 서울특별시 중학교의 사교육비는 전국 시지역 중에서 가장 높은 것으로 나타났다. 울산광역시의 참여학생 1인당 월평균 사교육비는 2009년 33.7만 원으로 전국 시지역 중 세 번째로 높았지만, 2021년에는 46.0만 원으로 가장 낮았다. 세종특별자치시의 참여학생 1인당 월평균 사교육비는 2014년에 32.5만 원으로 전국 시지역 중에서 가장 낮았지만, 2021년에는 52.0만 원으로 전국 평균 수준까지 증가하였다.

고등학교의 경우 서울특별시의 참여학생 1인당 월평균 사교육비는 2009년 56.0만 원에서 2021년 86.4만 원으로 증가하였으며, 서울특별시 고등학교의 사교육비는 전국 시지역 중에서 가장 높았다. 광주광역시, 울산광역시의 참여학생 1인당 월평균 사교육비는

2009년 각각 31.7만 원과 34.0만 원에서 2021년 각각 57.3만 원과 54.2만 원까지 증가하였으나, 2021년에 전국 시지역 중에서 사교육비가 가장 낮았다.

도지역별 참여학생 1인당 월평균 사교육비는 〈표 2-15〉와 [그림 2-15]에 나타나 있다. 경기도의 참여학생 1인당 월평균 사교육비는 2009년 34.7만 원에서 2021년 50.6만 원까지 증가하였으며 도지역 중 사교육비가 가장 높았다. 충청북도의 참여학생 1인당 사교육비는 2009년 25.0만 원에서 2021년 40.9만 원까지 증가하였으며, 경기도 다음으로 2021년의 사교육비가 높았다. 전라남도의 사교육비는 2009년 24.1만 원에서 2021년 35.1만 원까지 증가하였으나, 전국 도지역 중 2021년 사교육비가 가장 낮았다.

〈표 2-15〉 도지역별 참여학생 1인당 월평균 사교육비

(단위: 년, 만 원)

연도	경기	강원	충북	충남	전북	전남	경북	경남	제주
2009	34.7	27.0	25.0	27.3	23.8	24.1	26.6	28.1	26.3
2010	35.4	27.6	26.0	26.8	25.1	25.5	26.7	27.7	26.6
2011	35.8	29.4	26.9	26.9	25.4	26.6	27.8	29.1	28.9
2012	35.1	28.2	27.7	28.9	28.9	27.7	28.9	30.9	30.5
2013	35.1	27.8	30.0	28.6	29.2	28.6	29.0	30.9	30.4
2014	35.6	27.4	31.0	29.6	30.7	28.1	29.5	30.2	31.4
2015	36.6	27.5	30.8	29.4	30.7	27.6	29.5	30.5	31.3
2016	39.0	30.0	32.5	30.2	31.8	29.6	30.2	32.1	35.0
2017	38.7	31.0	30.2	29.1	31.4	27.7	30.6	31.5	33.7
2018	42.1	31.1	35.2	29.3	32.0	31.0	31.6	32.2	33.9

(계속)

2019	45.8	33.4	35.2	34.2	35.0	29.8	32.2	34.5	35.7
2020	46.2	35.5	36.5	33.0	35.9	32.9	34.3	37.3	40.8
2021	50.6	38.2	40.9	38.7	39.2	35.1	38.8	38.0	40.7

(단위: 만 원)

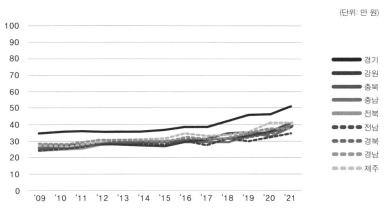

[그림 2-15] 도지역별 참여학생 1인당 월평균 사교육비(전체)

학교급별 도지역 참여학생 1인당 월평균 사교육비는 [부록 11-1]
[부록 11-2] [부록 11-3]에 나타나 있다. 초등학교의 경우 경기도의
참여학생 1인당 월평균 사교육비는 2009년 31.2만 원에서 2021년
41.4만 원까지 증가하였으며, 2021년 사교육비 지출액이 전국 도지
역 중 가장 높았다. 전라남도의 사교육비는 2009년 19.7만 원에서
2021년 29.4만 원까지 증가하였지만, 2021년 사교육비 지출액은 전
국 도지역 중 가장 낮았다.

중학교의 경우 경기도의 참여학생 1인당 월평균 사교육비는
2009년 38.3만 원에서 2021년 56.6만 원까지 증가하였으며, 전국
도지역에서 사교육비 지출액이 가장 높았다. 충청북도의 참여학

생 1인당 사교육비는 2009년 28.5만 원에서 2021년 43.4만 원까지 증가하였으며, 2021년도 사교육비가 전국에서 네 번째로 낮은 수준이었다. 전라북도의 참여학생 1인당 월평균 사교육비는 2009년에 27.4만 원으로 전국에서 가장 낮았지만, 2021년에는 44.0만 원까지 증가하여 전국 평균 수준이었다.

고등학교의 경우 경기도의 참여학생 1인당 월평균 사교육비는 2009년 40.4만 원에서 2021년 68.3만 원까지 증가하였으며, 사교육비 지출액이 전국 도지역 중 가장 높았다. 충청북도의 참여학생 1인당 월평균 사교육비는 2009년 31.3만 원에서 2021년 50.8만 원까지 증가하였으며, 2009년에는 경기도 다음으로 사교육비가 높았다. 전라남도의 참여학생 1인당 월평균 사교육비는 2009년에는 29.6만 원으로 전국 도지역 중 네 번째로 낮았으며, 2021년에는 45.6만 원으로 전국에서 가장 낮은 수준이었다.

📃 5. 지역규모별 사교육 참여 실태

1) 지역규모별 사교육 참여율

지역규모별 사교육 참여율은 〈표 2-16〉과 [그림 2-16]에 나타나 있듯이, 대체로 지역규모가 클수록 사교육에 많이 참여하는 경향이 있었다. 서울특별시의 사교육 참여율은 전국에서 가장 높았다. 서울특별시의 사교육 참여율은 2007년 80.6%에서 2021년 81.5%

까지 증감을 반복하였다. 서울특별시에서는 학생 5명 중 4명이 사
교육에 참여하고 있는 셈이었다. 광역시와 중소도시는 2007년에
각각 79.0%와 77.5%에서 2021년 각각 76.0%와 76.3%까지 증감
을 반복하며 비슷한 수준을 유지하였다. 읍면지역의 사교육 참여
율은 2007년 66.4%에서 2021년 67.2%까지 증감을 반복하며, 가장
낮은 참여율을 보여 주었다.

〈표 2-16〉 지역규모별 사교육 참여율

(단위: 년, %)

연도	서울특별시	광역시	중소도시	읍면지역
2007	80.6	79.0	77.5	66.4
2008	79.1	76.6	75.8	64.0
2009	79.6	74.6	76.0	67.3
2010	77.5	74.1	74.7	65.4
2011	77.0	71.6	72.4	64.0
2012	73.5	70.8	70.3	58.0
2013	75.0	68.9	70.2	57.5
2014	74.4	67.8	70.1	59.2
2015	74.3	68.8	70.0	57.7
2016	73.7	67.4	68.6	57.9
2017	77.6	71.4	71.8	62.2
2018	79.9	72.3	74.2	62.0
2019	80.0	75.0	76.3	64.5
2020	75.0	66.8	67.8	57.9
2021	81.5	76.0	76.3	67.2

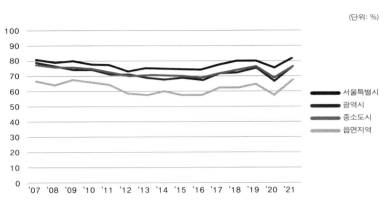

(단위: %)

[그림 2-16] 지역규모별 사교육 참여율(전체)

지역규모에 따른 학교급별 사교육 참여율은 [부록 12-1] [부록 12-2] [부록 12-3]에 나타나 있다. 초등학교의 경우 2013년까지는 서울특별시와 광역시, 중소도시 간 사교육 참여율의 차이가 미미했지만, 2014년부터 서울특별시와 다른 지역규모 간 사교육 참여율의 격차가 벌어지기 시작하였다. 서울특별시, 광역시, 중소도시의 사교육 참여율은 2007년에는 각각 89.9%, 91.8%, 89.5%였던 것이 2021년에는 각각 87.6%, 82.2%, 82.8%였다. 읍면지역의 경우 2007년 79.8%에서 2021년 75.1%까지 증감을 반복하였고, 이는 평균 대비 매우 낮은 참여율이었다.

중학교의 경우, 2012년까지 서울특별시, 광역시, 중소도시 간 사교육 참여율의 격차가 미미했지만, 2013년부터 서울특별시와 다른 지역규모 간 사교육 참여율의 격차가 벌어지기 시작하였다. 2007년 서울특별시, 광역시, 중소도시의 사교육 참여율은 각각 79.1%, 76.5%, 74.7%였던 것이 2021년에는 각각 78.4%, 75.0%,

73.4%로 사교육 참여율이 모두 감소하였다. 반면, 읍면지역의 사교육 참여율은 2007년 62.9%, 2021년에는 64.7%로 타 지역규모에 비해 가장 낮았으며, 2007년 대비 2021년의 사교육 참여율이 소폭 증가하였다.

고등학교의 경우 지역규모 간 사교육 참여율의 격차가 2007년부터 2021년까지 비슷한 정도로 꾸준하게 유지되었다. 서울특별시는 사교육 참여율이 가장 높았는데, 2007년 64.5%에서 2021년 73.4%로 증가하였다. 광역시와 중소도시의 사교육비 증가율 추이는 유사하였는데, 2007년 각각 56.4%, 54.8%에서 2021년 각각 64.4%, 65.8%까지 증가하였다. 읍면지역의 사교육 참여율은 2007년 36.2%였던 것이 2021년에는 51.5%로 증가폭이 가장 컸지만, 참여율은 다른 지역규모에 비해 가장 낮았다.

2) 지역규모별 참여학생 1인당 월평균 사교육비

지역규모별 참여학생 1인당 월평균 사교육비는 〈표 2-17〉과 [그림 2-17]에 나타나 있듯이, 대체로 지역규모가 클수록 사교육에 많이 지출하였다. 서울특별시의 참여학생 1인당 월평균 사교육비는 2007년 35.3만 원에서 2021년 64.9만 원으로 증가하였으며, 지출액도 매년 다른 지역에 비해 가장 높았다. 광역시와 중소도시의 참여학생 1인당 월평균 사교육비는 비슷하였다. 광역시와 중소도시의 참여학생 1인당 월평균 사교육비는 2007년 각각 27.9만 원과 29.4만 원에서 2021년 두 지역규모 모두 47.1만 원까지 증가하였다.

읍면지역의 참여학생 1인당 월평균 사교육비는 2007년 18.2만 원에
서 2021년 36.7만 원까지 증가하였으나, 지출액수로는 다른 지역규
모에 비해 가장 낮았다.

〈표 2-17〉 지역규모별 참여학생 1인당 월평균 사교육비

(단위: 년, 만 원)

연도	서울특별시	광역시	중소도시	읍면지역
2007	35.3	27.9	29.4	18.2
2008	37.4	29.7	32.0	19.6
2009	41.6	30.2	32.3	23.2
2010	41.5	30.6	32.7	24.5
2011	42.6	31.1	33.5	25.0
2012	42.5	32.5	33.3	25.8
2013	43.7	33.8	34.0	25.7
2014	45.0	34.2	34.4	26.4
2015	45.5	33.9	34.3	27.8
2016	47.8	36.7	36.5	28.7
2017	50.4	37.7	36.5	28.5
2018	51.5	38.8	39.0	29.2
2019	56.3	41.4	42.1	31.4
2020	60.5	43.8	43.2	33.1
2021	64.9	47.1	47.1	36.7

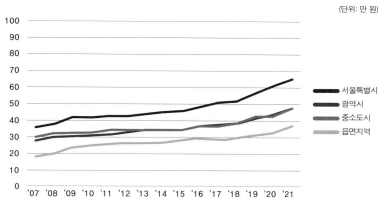

(단위: 만 원)

서울특별시
광역시
중소도시
읍면지역

[그림 2-17] 지역규모별 참여학생 1인당 월평균 사교육비(전체)

　지역규모에 따른 학교급별 참여학생 1인당 월평균 사교육비는 [부록 13-1] [부록 13-2] [부록 13-3]에 나타나 있다. 초등학교의 경우 2007년 참여학생 1인당 월평균 사교육비는 서울특별시 28.0만 원, 광역시 26.6만 원, 중소도시 26.7만 원으로 비슷한 규모였지만, 2021년에는 서울특별시 54.0만 원, 광역시 38.9만 원, 중소도시 38.7만 원으로 서울특별시와 다른 지역규모 간 사교육비 지출 규모의 격차가 벌어졌다. 읍면지역의 참여학생 1인당 월평균 사교육비는 2007년 16.6만 원에서 2021년 31.3만 원까지 증가하였다.

　중학교의 경우 서울특별시의 참여학생 1인당 월평균 사교육비는 2007년 39.9만 원에서 2021년 67.1만 원까지 지속적으로 증가하였으며, 사교육비 지출액이 매년 다른 지역에 비해 가장 높았다. 광역시와 중소도시의 참여학생 1인당 월평균 사교육비의 크기 및 추이는 비슷하였다. 광역시와 중소도시의 참여학생 1인당 월평균 사교육비는 2007년 각각 29.5만 원과 31.3만 원에서 2021년 두 지역규모 모두 52.8만 원까지 증가하였다. 읍면지역의 참여학생 1인당 월평균 사교육비는 2007년 20.8만 원에서 2021년 41.4만 원까지 증가하였지만, 사교육비 지출액은 지역규모 중 가장 낮았다.

고등학교의 경우 서울특별시의 참여학생 1인당 월평균 사교육비는 2007년 48.3만 원에서 2021년 86.4만 원까지 지속적으로 증가하였을 뿐만 아니라, 사교육비 지출액이 매년 다른 지역규모 대비 가장 높았다. 광역시와 중소도시의 참여학생 1인당 월평균 사교육비의 크기 및 추이는 비슷하였다. 광역시와 중소도시의 참여학생 1인당 월평균 사교육비는 2007년 각각 29.7만 원과 35.9만 원에서 2021년 각각 61.6만 원과 62.2만 원까지 증가하였다. 읍면지역의 참여학생 1인당 월평균 사교육비가 2007년 21.7만 원에서 2021년 48.5만 원까지 증가하였으나, 사교육비 지출액은 다른 지역규모에 비해 가장 낮았다.

📟 6. 월가구소득별 사교육 참여 실태

1) 월가구소득별 사교육 참여율

월가구소득별 사교육 참여율은 〈표 2-18〉과 [그림 2-18]에 나타나 있듯이, 대체로 월가구소득이 높을수록 사교육에 많이 참여하였다. 2021년 월가구소득이 200만 원 미만인 학생들의 사교육 참

여율은 45.3%, 월가구소득이 700만 원 이상인 학생들의 사교육 참
여율은 85.2%로 200만 원 미만 가구 학생들의 사교육 참여율의
약 1.9배였다. 우리나라 학생들은 가정의 월가구소득에 따라 사교
육 참여율의 격차가 심화되고 있다. 전체 학교급에서 700만 원 이
상, 600~700만 원, 500~600만 원, 400~500만 원, 300~400만 원,
200~300만 원, 200만 원 미만 모두 2007~2016년에는 감소 추세를
보이다가, 2017~2019년에는 증가 추세를 보였다. 2020년에는 코
로나19로 인해 참여율이 대폭 감소하였다가, 2021년 평년 수준으로
회복하는 추세를 보였다.

〈표 2-18〉 월가구소득별 사교육 참여율

(단위: 년, %)

연도	200만 원 미만	200~300 만 원	300~400 만 원	400~500 만 원	500~600 만 원	600~700 만 원	700만 원 이상
2007	51.6	75.3	82.9	87.8	89.3	91.8	92.4
2008	49.2	73.7	82.2	87.2	89.7	90.5	91.8
2009	49.6	72.9	82.6	86.5	88.9	90.1	91.1
2010	46.6	69.8	79.8	84.5	87.1	89.6	89.1
2011	45.8	68.2	76.8	81.8	83.7	86.5	85.3
2012	43.0	64.0	74.5	80.1	83.1	84.2	83.8
2013	41.8	60.1	71.5	79.2	82.5	84.8	83.5
2014	40.5	60.1	69.8	77.5	79.7	84.3	83.5
2015	40.5	59.4	70.2	76.2	78.9	82.7	82.8
2016	40.2	56.2	67.1	73.1	76.1	80.1	81.9
2017	43.1	58.3	67.9	74.9	78.2	80.8	83.6
2018	46.0	58.7	69.9	74.8	78.4	80.3	83.3

2019	46.5	60.0	70.3	77.6	79.5	83.3	85.4
2020	38.7	49.7	59.6	67.6	71.4	73.9	79.4
2021	45.3	56.6	69.1	76.5	79.8	83.2	85.2

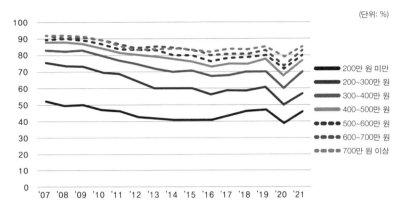

[그림 2-18] 월가구소득별 사교육 참여율(전체)

　　월가구소득에 따른 학교급별 사교육 참여율은 [부록 14-1] [부록 14-2] [부록 14-3]에 나타나 있다. 초등학교의 경우 모든 월가구소득 수준에서 2007~2019년에는 감소 추세를 보이다가, 2020년에 코로나19로 일시적으로 대폭 감소한 후 2021년에 다시 평년 수준으로 증가하였다.

　　중학교의 경우 월가구소득 700만 원 이상의 사교육 참여율은 2007~2016년에 감소 추세를 보이다가, 2017년 80.8%에서 2021년 83.8%로 증가하는 추세를 보였다. 월가구소득 600~700만 원의 사교육 참여율은 2007~2015년에는 감소 추세를 보이다가, 2016년 75.3%로 대폭 감소하였다. 이후 2017년 76.8%에서 2021년 81.5%로 증가 추세를 보였다. 500~600만 원, 400~500만 원, 300~400만 원,

200~300만 원, 200만 원 미만의 사교육 참여율은 2007~2016년에
는 대체로 감소하다가, 2017년~2019년 증가 추세를 보였다. 월가구
소득 500~600만 원, 400~500만 원, 300~400만 원, 200~300만 원,
200만 원 미만의 사교육 참여율은 모두 2020년에 코로나19로 인해
일시적으로 대폭 감소하였다가 2021년 평년 수준으로 회복하였다.

고등학교의 경우 월가구소득 700만 원 이상의 사교육 참여율은
2007~2016년에는 감소 추세를 보이다가, 2017년 70.5%에서 2021년
76.2%로 증가하였다. 월가구소득 600~700만 원, 500~600만 원,
400~500만 원, 300~400만 원, 200~300만 원, 200만 원 미만의 사
교육 참여율은 모두 2007년~2015년까지 감소 추세를 보이다가,
2016~2021년에는 증가 추세를 보였다.

2) 월가구소득별 참여학생 1인당 월평균 사교육비

월가구소득별 참여학생 1인당 월평균 사교육비는 〈표 2-19〉
와 [그림 2-19]에서 보듯이, 월가구소득 700만 원 이상, 600~700만
원, 500~600만 원, 400~500만 원, 300~400만 원, 200~300만 원,
200만 원 미만 순으로 높았다. 2021년 월가구소득이 200만 원 미만
인 학생들의 월평균 사교육비는 25.6만 원이고 월가구소득이 700만 원
이상인 학생들의 월평균 사교육비는 65.8만 원으로, 200만 원 미만
가구 학생들의 월평균 사교육비의 약 2.6배였다.

전체적인 추이를 살펴보면, 700만 원 이상의 경우, 2007년 50.5만
원에서 2009년 56.4만 원으로 증가하였으나, 2010년~2013년까지 점

진적으로 감소하는 추세를 보였다. 이후 월가구소득 700만 원 이상
의 월평균 사교육비는 2014년 51.3만 원에서 2021년 65.8만 원까지 증
가하였다. 월가구소득 600~700만 원, 500~600만 원, 400~500만 원,
300~400만 원, 200~300만 원, 200만 원 미만의 참여학생 1인당 월평
균 사교육비는 2007년부터 2021년까지 증가하는 추세를 보였다.

〈표 2-19〉 월가구소득별 참여학생 1인당 월평균 사교육비

(단위: 년, 만 원)

연도	200만 원 미만	200~300 만 원	300~400 만 원	400~500 만 원	500~600 만 원	600~700 만 원	700만 원 이상
2007	17.5	23.3	28.8	34.3	38.3	42.2	50.5
2008	18.8	24.0	29.8	35.1	39.7	44.4	51.6
2009	19.4	24.7	29.8	35.8	41.9	46.6	56.4
2010	19.7	24.4	30.1	35.2	41.6	45.1	54.3
2011	21.3	25.5	30.5	35.4	40.6	45.6	51.6
2012	23.1	26.3	30.8	36.0	40.0	43.6	50.8
2013	23.9	26.7	30.9	35.3	40.0	42.3	49.7
2014	23.2	26.5	30.4	35.0	40.0	43.5	51.3
2015	23.1	26.8	30.3	35.0	39.4	43.7	50.7
2016	21.9	27.4	31.4	36.2	40.7	45.6	54.1
2017	21.7	26.2	31.3	36.6	41.2	45.2	54.6
2018	21.4	26.6	31.7	37.2	41.9	46.5	57.3
2019	22.4	28.4	33.3	38.5	44.5	48.4	60.3
2020	26.5	31.7	34.1	39.7	45.4	50.3	62.6
2021	25.6	31.8	36.6	43.3	47.7	53.3	65.8

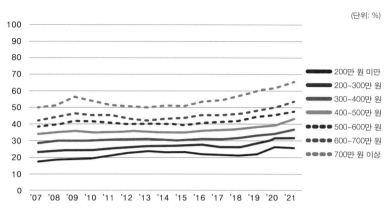

(단위: %)

凡례:
- 200만 원 미만
- 200~300만 원
- 300~400만 원
- 400~500만 원
- 500~600만 원
- 600~700만 원
- 700만 원 이상

[그림 2-19] 월가구소득별 참여학생 1인당 월평균 사교육비(전체)

월가구소득에 따른 학교급별 참여학생 1인당 월평균 사교육비의 추이는 [부록 15-1] [부록 15-2] [부록 15-3]에 나타나 있다. 초등학교의 경우 월가구소득 700만 원 이상의 참여학생 1인당 월평균 사교육비는 2007~2009년까지는 증가하고 2010~2012년까지는 감소하였다가, 2013년 41.4만 원에서 2021년 55.3만 원까지 증가하는 추세를 보였다. 월가구소득 600~700만 원의 경우 참여학생 1인당 월평균 사교육비는, 2007년 36.1만 원에서 2011년 40.0만 원까지 증가하는 추세를 보이다가, 2012년 34.6만 원으로 대폭 감소하였다. 그리고 2014~2021년은 다시 증가하는 추세를 보였다. 월가구소득 500~600만 원, 400~500만 원, 300~400만 원, 200~300만 원, 200만 원 미만의 참여학생 1인당 월평균 사교육비는 2007년에서 2021년까지 대체로 증가하는 추세를 보였다.

중학교의 경우 월가구소득 700만 원 이상의 참여학생 1인당 월평균 사교육비는 2007~2014년까지 감소하는 추세를 보였으나,

2015년 52.5만 원으로 증가하였고 2016년 59.3만 원으로 대폭 증가하여 2021년 70.8만 원까지 증가하였다. 초등학교와 마찬가지로 중학교의 월가구소득 600~700만 원, 500~600만 원, 400~500만 원, 300~400만 원의 참여학생 1인당 월평균 사교육비는 2007~2021년까지 대체로 증가하는 추세를 보였다. 월가구소득 200~300만 원과 200만 원 미만의 참여학생 1인당 월평균 사교육비는 2007~2020년까지 대체로 증가하다가, 2021년 소폭 감소하였다.

고등학교의 경우 월가구소득 700만 원 이상의 참여학생 1인당 월평균 사교육비는 2007년 65.0만 원에서 2009년 68.1만 원으로 증가하였다가, 2010~2013년에는 감소 추세를 보였다. 이후 2014년 66.9만 원에서 2021년 83.5만 원으로 증가하였다. 월가구소득 600~700만 원, 500~600만 원, 400~500만 원의 참여학생 1인당 월평균 사교육비는 2007~2021년까지 사교육비가 대체로 증가하는 추세를 보였다. 300~400만 원, 200~300만 원, 200만 원 미만의 참여학생 1인당 월평균 사교육비는 2007~2020년까지 대체로 증가하는 추세를 보이다가, 2021년에 소폭 감소하였다.

📝 7. 부모의 경제활동 유형별 사교육 참여 실태

1) 부모의 경제활동 유형별 사교육 참여율

부모의 경제활동 유형별 사교육 참여율은 〈표 2-20〉과 [그림

2-20]에 나타나 있듯이, 맞벌이 유형이 외벌이 유형보다 높았다. 외벌이 유형의 경우, 2007년 77.2%에서 2014년 67.9%까지 대체로 감소하는 추세를 보였지만, 2015년 68.0%에서 2019년 73.7%까지 증가하였다. 2020년에는 코로나19의 영향으로 인해 64.3%로 대폭 감소하였으나, 다시 2021년에 73.1%로 대폭 증가하였다. 맞벌이 유형의 경우, 2007년 78.4%에서 2016년 69.2%까지 대체로 감소하였다가, 2017년 73.2%에서 2019년 77.0%까지 증가하였고, 이후 2020년 70.4%로 대폭 감소하였지만 2021년 78.2%로 다시 급증하였다. 경제활동을 하지 않는 유형의 경우, 2007~2016년까지 대체로 감소하는 추세를 보이다가, 2017년 38.0%로 대폭 증가한 이후 2018년 41.1%까지 증가하였다. 2019~2020년에는 다시 감소하였으나, 2021년 45.1%까지 대폭 증가하였다.

〈표 2-20〉 부모의 경제활동 유형별 사교육 참여율

(단위: 년, %)

연도	외벌이	맞벌이	경제활동 안 함
2007	77.2	78.4	37.1
2008	74.8	76.9	36.7
2009	74.8	76.7	40.1
2010	73.3	75.5	35.7
2011	71.9	73.7	32.7
2012	67.9	72.9	32.3
2013	68.1	71.3	32.5
2014	67.9	71.0	31.8
2015	68.0	71.1	33.1

〈계속〉

2016	67.8	69.2	29.5
2017	70.3	73.2	38.0
2018	72.1	74.6	41.1
2019	73.7	77.0	37.4
2020	64.3	70.4	33.0
2021	73.1	78.2	45.1

(단위: %)

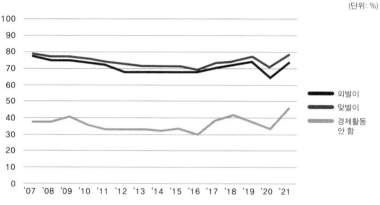

[그림 2-20] 부모의 경제활동 유형별 사교육 참여율(전체)

부모의 경제활동 유형에 따른 학교급별 사교육 참여율은 [부록 16-1] [부록 16-2] [부록 16-3]에 나타나 있다. 초등학교의 경우 외벌이 유형은 2007년 88.6%에서 2011년 84.0%까지 감소하였다가, 2012년 78.2%로 대폭 감소하였다. 2013~2019년에는 80.4%에서 81.5%까지 대체로 증가하는 추세를 보이다가 2020년에는 코로나19의 영향으로 인해 66.3%로 대폭 감소하였으나, 2021년 78.9%의 평년 수준으로 회복하였다. 맞벌이 유형은 2007년 90.6%에서 2016년 82.1%까지 대체로 감소하다가, 2017~2019년에 증가 추세를 보였다. 2020년에는 73.7%로 참여율이 대폭 감소하였으나, 2021년에는 다시 85.2%의 평년 수준으로 증가하였다. 경제활동을 하지 않는 유형은 2007~2021년까지 급격한 증감을 반복하였다. 여기에서 2007~2009년까지는 증가 추세로, 2010~2011년까지는 감소 추세를 보이다가 2012~2015년까지는 점진적으로 증가하였다. 그리고 경제활동을 하지 않는 유형에서 2016년 37.8%로 참여율이 대폭 감소하였으나, 2017년 49.2%에서 2018년 52.7%로 다시 증가하였다. 2019~2020년에는 다시 참여율이 감소하였다가 2021년에는 55.3%로 대폭 증가하였다.

중학교의 경우 외벌이 유형은 2007~2016년까지 대체로 참여율 감소 추세를 보이다가, 2017년 65.9%에서 2019년 68.9%까지 증가하였으며, 2020년에는 64.5%로 감소하였다가 2021년 70.2%로 다시 증가하였다. 맞벌이 유형도 2007~2016년까지 참여율이 대체로 감소하였다가 2017~2019년에 다시 증가하였으며, 2020년 70.5%로 감소하였다가 2021년 76.3%로 증가하였다. 경제활동을 하지 않는 유형은 2007~2016년까지 증감을 반복하였다가, 2017년 40.2%로 참여율이 대폭 증가하여 2018년에는 45.1%를 기록하였다. 그러다가 2019~2020년에는 경제활동을 하지 않는 유형의 사교육 참여율이 대폭 감소하였으나, 2021년에는 42.8%로 증가하였다.

고등학교의 경우 외벌이 유형은 2007~2014년 참여율이 감소하는 추세를 보였으나, 2015년 48.8%에서 2021년 62.5%까지 증가하는 추세를 보였다. 맞벌이 유형은 2007~2015년까지 참여율이 대체로 감소하는 추세를 보였으나, 2016년 54.2%에서 2021년 67.0%

로 증가하였다. 경제활동을 하지 않는 유형은 2007~2014년까지 감소 추세를 보였으나, 2015~2021년까지는 증가 추세를 보였다.

2) 부모의 경제활동 유형별 참여학생 1인당 월평균 사교육비

부모의 경제활동 유형별 참여학생 1인당 월평균 사교육비는 〈표 2-21〉과 [그림 2-21]에 나타나 있듯이, 2021년에 맞벌이 유형이 사교육비를 가장 많이 지출하였다. 2021년 맞벌이 가정 학생의 월평균 사교육비는 49.6만 원, 외벌이 가정은 47.4만 원, 부모가 경제활동을 하지 않는 가정은 32.9만 원이었다. 하지만 맞벌이 유형의 월평균 사교육비가 항상 가장 높았던 것은 아니며, 2011년 이전에는 외벌이 유형의 월평균 사교육비가 맞벌이 유형보다 높았다.

전체 학교급에서 외벌이 유형의 참여학생 1인당 월평균 사교육비는 2007년 29.2만 원에서 2021년 47.4만 원까지 증가하였고, 맞벌이 유형은 2007년 28.6만 원에서 2021년 49.6만 원까지 증가하는 추세를 보였다. 2007~2010년까지는 외벌이 유형이 맞벌이 유형보다 사교육비 지출이 많았으나, 그 이후에는 맞벌이 유형의 월평균 사교육비 지출이 외벌이 유형보다 많았다. 전체 학교급에서 경제활동을 하지 않는 유형의 참여학생 1인당 월평균 사교육비 지출은 2007년 19.7만 원에서 2012년 27.3만 원까지 대체로 증가하는 추세를 보였으나, 2013년 26.7만 원에서 2015년 22.8만 원까지 대폭 감소하였다가 다시 2016년 29.6만 원으로 대폭 증가하였다.

2018년부터 2021년까지는 28.3만 원에서 32.9만 원으로 점진적으로 증가하는 추세를 보였다.

〈표 2-21〉 **부모의 경제활동 유형별 참여학생 1인당 월평균 사교육비**

(단위: 년, 만 원)

연도	외벌이	맞벌이	경제활동 안 함
2007	29.2	28.6	19.7
2008	31.3	31.0	21.3
2009	32.9	32.0	20.9
2010	32.9	32.6	23.7
2011	33.4	33.7	25.1
2012	33.5	34.6	27.3
2013	34.3	35.3	26.7
2014	34.9	35.7	26.2
2015	34.3	36.7	22.8
2016	37.1	38.4	29.6
2017	37.4	39.0	27.0
2018	38.7	41.1	28.3
2019	41.6	44.1	31.8
2020	43.1	46.5	32.9
2021	47.4	49.6	32.9

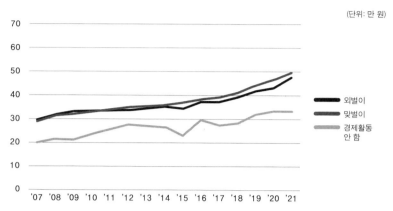

(단위: 만 원)

[그림 2-21] 부모의 경제활동 유형별 참여학생 1인당 월평균 사교육비(전체)

　　부모의 경제활동 유형에 따른 학교급별 참여학생 1인당 월평균 사교육비는 [부록 17-1] [부록 17-2] [부록 17-3]에 나타나 있다. 초등학교의 경우 2009년까지는 외벌이 유형의 사교육비 지출이 맞벌이 유형보다 더 많았으나, 2010년부터는 맞벌이 유형이 외벌이 유형보다 높은 지출을 보였다. 외벌이 유형의 참여학생 1인당 월평균 사교육비는 2007~2015년까지 25~29만 원 사이에서 증감을 반복하다가, 2016년 29.5만 원에서 2019년 33.5만 원으로 증가하였으며 2021년에는 38.7만 원으로 대폭 증가하였다. 맞벌이 유형은 참여학생 1인당 월평균 사교육비가 2007년 25.5만 원에서 2019년 35.9만 원까지 대체로 증가하다가, 2021년에는 41.2만 원으로 대폭 증가하였다. 경제활동을 하지 않는 유형은 2007년 17.5만 원에서 2013년 21.9만 원까지 점진적으로 증가하였으나, 2014~2021년에는 16~24만 원 사이에서 증감을 반복하였다.

중학교의 경우, 외벌이 유형과 맞벌이 유형은 비슷한 수준의 사교육비 지출을 하였다. 외벌이의 경우 2007년 32.5만 원에서 2021년 53.1만 원까지, 맞벌이 유형은 2007년 30.7만 원에서 2021년 54.2만 원까지 대체로 증가하는 추세를 보였다. 경제활동을 하지 않는 유형은 2007~2010년까지 사교육비의 점진적인 증가 추세를 보이다가 2011년 28.3만 원, 2012년 31.7만 원으로 대폭 증가하였다. 이후 경제활동을 하지 않는 유형의 사교육비는 2013년 29.0만 원에서 2015년 24.8만 원까지 감소하였다가, 2016년 30.4만 원으로 대폭 증가한 후 2021년까지 대체로 증가 추세를 유지하였다.

고등학교의 경우, 다른 학교급과는 달리 외벌이 유형이 맞벌이 유형보다 더 높은 사교육비 지출을 보였다. 외벌이의 경우, 2007년 37.8만 원에서 2018년 55.7만 원까지 지속적인 증가 추세를 보이다가 2019년 61.2만 원으로 대폭 증가하여 2021년에는 66.3만 원까지 증가하였다. 맞벌이의 경우, 2007년 34.5만 원에서 2017년 50.4만 원까지 지속적으로 증가하였다가 2018년 54.8만 원에서 2021년에는 64.6만 원까지 대폭 증가하는 추세를 보였다. 경제활동을 하지 않는 유형의 경우, 2007~2017년까지 23~34만 원 사이에서 증감을 반복하다가, 2018년 38.3만 원에서 2021년에는 43.2만 원까지 점진적으로 증가하였다.

8. 성적수준별 사교육 참여 실태

학생들의 성적수준별 사교육 참여율과 월평균 사교육비는 고등학생들을 대상으로 살펴본다. 그 이유는 초 · 중 · 고 사교육비 조사에서 학생의 성적은 고등학생 학부모만을 대상으로 조사하였기 때문이다.

1) 성적수준별 사교육 참여율

고등학생의 성적수준별 사교육 참여율은 〈표 2-22〉와 [그림 2-22]에 나타나 있듯이, 대체로 성적이 높을수록 사교육에 많이 참여하였다. 2007~2021년 성적수준별 사교육 참여율은 상위 10% 이내, 상위 11~30%, 상위 31~60%, 상위 61~80%, 하위 20% 이내 순으로 높았다. 2021년 성적이 상위 10% 이내인 학생들의 참여율은 74.6%, 하위 20% 이내인 학생들의 사교육 참여율은 51.7%로 성적이 상위 10% 이내인 학생들의 참여율이 하위 20% 이내인 학생들의 참여율보다 약 1.4배 높았다.

전체적인 추이를 살펴보면, 상위 10% 이내의 사교육 참여율은 2007년 67.0%에서 2015년 57.7%까지 지속적인 감소 추세를 보이다가, 2016년 61.9%로 증가하였다. 또한 2018년에는 65.8%로 2016~2018년 사이에 점진적인 참여율 증가 추세를 보였고, 2019년 72.3%로 참여율이 급격하게 증가하여 2021년 74.6%까지 증가하였다. 상위 11~30%의 경우, 2007년 63.1%에서 2013년 54.5%까지 감소 추세를 보이다가, 2014년 55.7%에서 2021년 72.0%까지 지속적으로 증가하였다. 마찬가지로 상위 31~60%의 사교육 참여율은 2007년 55.7%에서 2013년 50.1%까지 대체로 감소하였으나, 2014년 51.7%에서 2021년 67.4%까지 지속적인 증가 추세를 보였다. 상위 61~80%의 사교육 참여율은, 2007~2014년에 45~51% 사이를 유지하다가, 2015년 47.2%에서 2021년 60.1%까지 지속적으로 증가하였다. 하위 20% 이내의 사교육 참여율은 2007~2014년에 38~45% 사이의 참여율 증감 추세를 반복하다가, 2015년 40.7%에서 2021년 51.7%까지 지속적인 증가 추세를 보였다.

〈표 2-22〉 성적수준별 사교육 참여율(고등학교)

(단위: 년, %)

연도	하위 20% 이내	상위 61~80%	상위 31~60%	상위 11~30%	상위 10% 이내
2007	42.8	47.9	55.7	63.1	67.0
2008	40.3	48.2	54.7	60.5	63.2
2009	44.6	50.8	55.4	58.8	62.2
2010	41.7	46.9	54.3	59.5	60.7
2011	39.1	45.9	52.3	58.3	60.7
2012	43.1	47.2	51.9	55.3	59.1
2013	39.4	47.1	50.1	54.5	58.8
2014	38.8	45.6	51.7	55.7	58.3
2015	40.7	47.2	51.9	55.9	57.7
2016	43.3	48.9	53.1	59.0	61.9
2017	46.4	53.1	57.1	62.3	63.4
2018	47.4	55.5	61.0	64.9	65.8

(계속)

2019	48.9	57.2	62.8	67.8	72.3
2020	49.8	57.2	63.1	68.9	73.1
2021	51.7	60.1	67.4	72.0	74.6

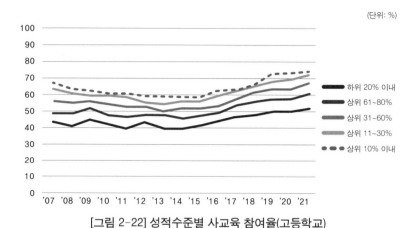

[그림 2-22] 성적수준별 사교육 참여율(고등학교)

2) 성적수준별 참여학생 1인당 월평균 사교육비

고등학생의 성적수준별 참여학생 1인당 월평균 사교육비는 〈표 2-23〉과 [그림 2-23]에 나타나 있듯이, 전반적으로 성적이 높을수록 참여학생 1인당 월평균 사교육비가 높았다. 2021년 성적수준별 참여학생 1인당 월평균 사교육비는 상위 10% 이내, 상위 11~30%, 상위 31~60%, 상위 61~80%, 하위 20% 이내 순으로 높았다. 2021년 성적이 상위 10% 이내인 학생들의 참여율은 71.4만 원으로, 하위 20% 이내인 학생들의 월평균 사교육비 56.2만 원보다 약 1.3배 높았다.

전체적인 추이를 살펴보면 성적이 상위 10% 이내일 경우, 2007년 40.0만 원에서 2014년 51.3만 원까지 대체로 증가 추세를 보이다가 2015년 49.4만 원으로 소폭 감소하였지만, 이후 2016년 52.2만 원에서 2021년 71.4만 원까지 지속적으로 증가하였다. 성적 상위 11~30%의 참여학생 1인당 월평균 사교육비는 2007년 40.2만 원에서 2021년 68.6만 원으로 증가 추세를 보였다. 성적이 상위 31~60%의 참여학생 1인당 월평균 사교육비도 2007년 35.9만 원에서 2021년 65.8만 원으로 증가 추세를 보였다. 성적이 상위 61~80%의 참여학생 1인당 월평균 사교육비는 2007년 31.5만 원에서 2009년 39.1만 원으로 증가하다가 2010년 소폭 감소하였으나, 이후 2011년 38.6만 원에서 2021년 62.3만 원까지 증가 추세를 보였다. 성적 하위 20% 이내의 참여학생 1인당 월평균 사교육비는 2007년 29.6만 원에서 2009년 37.9만 원으로 증가하다가 2010~2011년에 사교육비가 소폭 감소하였고, 2012년에 39.9만 원으로 다시 증가하였다. 이후 성적 하위 20% 이내 학생의 사교육비는 2013년 39.3만 원에서 2021년 56.2만 원까지 점진적인 증가 추세를 보였다.

〈표 2-23〉 성적수준별 참여학생 1인당 월평균 사교육비(고등학교)

(단위: 년, 만 원)

연도	하위 20% 이내	상위 61~80%	상위 31~60%	상위 11~30%	상위 10% 이내
2007	29.6	31.5	35.9	40.2	40.0
2008	33.9	35.9	38.7	41.2	42.1
2009	37.9	39.1	40.1	41.6	44.4
2010	35.5	37.0	42.0	43.6	46.6
2011	34.5	38.6	42.1	46.0	46.2
2012	39.9	41.8	44.8	47.2	46.7
2013	39.3	43.3	47.0	47.3	48.9
2014	39.3	45.3	47.4	48.1	51.3
2015	41.4	45.0	47.8	50.5	49.4
2016	43.1	48.1	52.0	52.3	52.2
2017	43.7	49.3	52.6	53.6	54.5
2018	44.5	52.2	57.0	59.6	58.4
2019	50.7	57.1	61.4	63.4	65.7
2020	55.0	60.3	66.4	68.8	68.5
2021	56.2	62.3	65.8	68.6	71.4

(단위: 만 원)

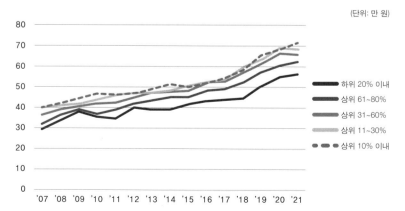

[그림 2-23] 성적수준별 참여학생 1인당 월평균 사교육비(고등학교)

제3장

사교육 정책의 변화

제2장에서는 우리나라 초 · 중 · 고 사교육 실태의 추이를 살펴보았다. 해마다 실시하는 사교육 실태 조사 결과에 따르면, 사교육비의 총규모, 교과별, 학교급별 사교육비 및 사교육 참여율 등 대부분의 조사 항목에서 지난 약 10년간(2015~2023)[1] 지속적인 증가 추세를 보이고 있었다. 특히 예체능 및 취미 · 교양 교과 관련 2021년 사교육비가 전년도 대비 37.4%의 큰 폭으로 증가하면서 전체 사교육비의 증가 추세를 이끌고 있는 것도 주목할 만한 부분이다(통계청, 2022). 예체능 사교육의 증가는 공교육의 문제라기보다는 소득의 성장에 따른 문화적 관심의 증가 때문인 것으로 보인다.

지난 10년간 사교육의 증가 원인을 단순히 공교육의 실패나 공교육의 질 문제로 돌리는 것은 적절하지 않다. 사교육의 공급과 수요에 미치는 요인은 경제적, 사회적, 문화적 요인을 비롯하여 매우 다양하며, 그러한 요인들을 공교육에서 모두 다루거나 충족시키는 것은 사실상 불가능하다. 다만 공교육의 역할과 관련하여 최근 10년간 일반교과의 참여학생 1인당 사교육비가 지속적으로 증가하고 있다는 점과, 사교육 참여율이 2017년부터 증가 추세로 반전

---

1) 2020년은 감소세를 보였으나, 코로나19로 인한 특수 상황이었다.

된 점은 주목할 만하며, 그 원인을 다각도로 분석하여 학교교육 정
책에 반영할 필요가 있다.

이 장에서는 사교육 정책의 변화를 통계청과 교육부에서 주관한
초·중·고 사교육비 조사가 시작된 2007년을 기점으로 각 정부
별 주요 사교육 정책과 주요 사교육 경감 정책을 살펴보고자 한다.
이 시기에 해당하는 정부는 노무현 정부(2003~2008), 이명박 정부
(2008~2013), 박근혜 정부(2013~2017), 문재인 정부(2017~2022)이
며, 각 정부의 사교육 정책의 변천과정을 기술하고, 특히 주요 사
교육 경감 정책인「공교육정상화법」, 방과후학교, EBS 대학수학능
력시험(이하 수능) 연계 정책에 대해 논의하고자 한다.

📖 1. 정부별 사교육 정책

1) 사교육 정책의 변천

사교육 경감 정책이 보편적으로 시작된 것은 2000년 이후부터로
볼 수 있다. 사교육은 2000년 4월 27일에 국민의 기본권을 침해한
다는 이유로 과외교습을 금지하는「학원의 설립·운영에 관한 법
률」제3조와 벌칙조항인 제22조에 대해 위헌결정이 내려짐에 따
라, 2001년 4월에 관련 법률에 '과외교습 금지조항'이 삭제되면서
사실상 허용되었다. 그 결과 사교육비가 급증하면서 김대중 정부
에서는 사교육의 과열 현상을 규제하기 위해 2000년 6월에 '과열

과외 예방 및 공교육 내실화 방안'을 발표하였다. 이 발표를 기점으로 공교육 내실화를 위한 정책과제를 추진하는 동시에 사교육 경감 정책을 수립하기 시작하였다.

노무현 정부는 2004년 2월 17일 '공교육 정상화를 통한 사교육비 경감대책'을 발표하면서 팽창되는 사교육비 지출을 줄이고 사교육 수요를 공교육체제로 전환하기 위해 EBS와 수능연계를 활성화하였다(교육인적자원부, 2004: 6-27). 2006년에는 '2004 사교육 정책에 대한 보완대책'을 발표하였다. 기존의 문제의식을 '사교육비 지출의 악순환 구조'에서 '입시경쟁 대비 사교육 수요의 심각성과 사교육 양극화'로 전환하였다(신현석, 윤지희, 2020: 93). 또한 사교육 정책 개발을 위한 인프라를 구축하려는 목적으로 사교육비 경감대책 관련 통계 개선방안을 논의하였다. 그 결과 2007년에 통계청과 교육부가 MOU 체결을 맺어 전국 규모로 사교육 통계 조사를 매년 실시해 오고 있다. 〈표 3-1〉은 이 시기에 발표된 정책 자료를 참조해서 재구성하였다(김신복 외, 2017; 박정수, 2006).

〈표 3-1〉 노무현 정부 사교육 경감 관련 정책 및 주요 내용

정책	주요 내용	세부 내용
2004. 2. 17. '공교육 정상화를 통한 사교육비 경감 대책'	사교육 수요 공교육체제 내 흡수	– 초등 특기 · 적성교육 확대 – 초등 저학년 '방과후 교실' 운영 – 중 · 고등학교 수준별 보충학습 실시 – 교육 소외계층과 농어촌 지역 학생에 대한 정부의 교육지원 확대 – EBS를 통한 수능과외 활성화 – e-learning 체제 구축

〈계속〉

2004. 2. 17. '공교육 정상화를 통한 사교육비 경감 대책'	학교교육 내실화	- 우수교원 확보 - 수업·평가방법 개선 - 수준별 교육·학생선택권 확대 - 대입전형제도 개선 및 진로지도 강화 - 기초학력 책임지도제 강화
	사회·문화 풍토 개선	- 학벌주의·왜곡된 교육관 극복
2007. 3. 20. '사교육 의존도 완화 방안'	사교육 수강료 규제	
	사교육 관련 정책 개발 인프라 구축	- 사교육비 통계조사 실시
	사교육 수요 공교육체제 내 흡수	- EBS 영어 전용방송 실시 - 모든 농산어촌 지역의 방과후학교 지원 - 초등학생 중 원하는 학생 모두에게 방과후 보육프로그램 운영
	사교육 산업 감독 체제 마련	
	사교육 정책연구 센터 운영	

이명박 정부는 2008년 '학교만족 두 배, 사교육비 절반'이라는 교육 공약을 내세웠고, 2009년 6월에 '공교육 경쟁력 향상을 통한 사교육비 경감대책'을 발표하였다. 이명박 정부의 주요 사교육비 경감대책으로는 공교육 내실화 지속 추진, 선진형 입학전형 정착, 사교육 대체 서비스 강화, 학원 운영의 효율적 관리, 사교육비 경감을 위한 제도·문화적 인프라 구축 등이 있다. 특히 사교육 대체 서비스 강화를 위한 방안으로 방과후학교 교육 서비스 강화 및 EBS 수능강의 서비스 품질 제고를 핵심 사안으로 운영하였으며 (교육과학기술부, 2009. 6. 3.), 학원 교습시간을 시·도 자율로 단

축·운영하고 지도 및 단속을 강화하기 시작하였다.

교육과학기술부는 2011년 5월 '공교육 강화-사교육 경감 선순환 방안'(이하 선순환 방안)을 확정·발표하였다. 선순환 방안은 '사교육 팽창-공교육 약화'라는 악순환에서 벗어나 '공교육 강화-사교육 경감'의 선순환 체제를 구축하는 데 주안점을 두었다. 그동안 추진해 온 단위학교 자율역량 강화 및 시·도 교육청의 책무성 제고를 바탕으로, 교실수업의 근본적 변화, 학교 중심 영어·수학 교육 내실화, 획기적인 방과후학교의 질적 제고를 통해 공교육 만족도를 향상시키는 한편, '공교육 강화-사교육 경감'의 선순환 체제가 교육현장에 정착될 수 있도록 제도적 인프라를 지속적으로 보완하여 사회 전반에 공감대를 확산시키려고 노력하였다. 〈표 3-2〉는 이덕난, 유지연(2022)의 연구와 이 시기 발표된 사교육 관련 정책 자료를 참고하여 재구성하였다.

〈표 3-2〉 이명박 정부 사교육 경감 관련 정책 및 주요 내용

정책	주요 내용	세부 내용
2008. 10. 28. '학원비 경감 방안'	사교육기관(학원) 관리	– 학원비 실태조사 – 특별지도 및 행정처분 강화 – 학원비 안정화·투명성 제고 시스템 개선 – 행정지원 체계 구축

〈계속〉

2009. 6. 3. '공교육 경쟁력 향상을 통한 사교육 경감 대책'	공교육 내실화 추진 지속	학교 다양화	– 학교 자율화 확대: 교육과정, 교직원 인사 등 핵심적 권한을 단위학교에 직접 부여 – 고교다양화: 기숙형 공립고, 자율형 사립고 등 – 농어촌 전원학교 – 영어교육의 질적 제고 및 격차 해소
		정규수업 내실화	– 교육과정, 교원인사 자율 확대 – 교과교실제 도입: 수준별 이동수업 확대 – 학업성취도평가 개선 – '학력향상 중점학교' 지원 – 영어교육의 질적 제고 및 격차 해소: 2011년 까지 모든 학교에 영어수업 전용공간 설치
		책무성 강화	– 교원평가제 도입 – 시 · 도 교육청 평가 – 사교육 영향 평가
	입시제도 선진화		– 대입전형 선진화 및 입학사정관제 확대 · 내실화 – 특목고(과학고 · 외국어고) 입시제도 개선 – 과학올림피아드 및 영재교육 대상자 선발방식 개선 – 중 · 고등학교 기출문제 공개로 내신 사교육 경감 강화
	사교육 수요 흡수		– '사교육 없는 학교' 프로젝트 추진 – 방과후학교 교육 서비스 강화: 운영시스템 체계화, 프로그램 다양화, 교육–돌봄 서비스 및 저소득층 지원 – EBS 수능강의 서비스 품질 제고
	사교육기관(학원) 관리: 학원 운영의 투명성 제고		– 사교육 시장의 정보 왜곡 등으로 인한 학원비와 교습시간에 대한 합리적 견제 미흡 시정 노력 – 사교육기관의 과장광고로 인한 사교육 효과 과신을 불식 – 학부모의 막연한 불안감을 이용한 불필요한 선행학습 조장 금지 – 학원비 징수 투명성 강화 – 불법 · 편법운영 학원 특별 점검 – 신고포상금제 도입

〈계속〉

2009. 6. 3. '공교육 경쟁력 향상을 통한 사교육 경감 대책'	사교육비 경감을 위한 제도·문화적 인프라 구축		– 시·도 교육청 및 교과부의 책무성 강화 – 학부모 인식 전환 '사교육 줄이기' 캠페인 추진 – 학부모 자녀교육 역량강화 지원 – 대입상담 콜센터 운영 지원
2011. 5. 19. '공교육 강화– 사교육 경감 선순환 방안'	교실수업의 근본적 변화를 위한 기반 구축	창의인재 양성을 위한 교육환경 조성	– 교과교실제 전면 도입: 교과·학생중심 교 실수업 구현 – 창의경영학교 지원사업 추진(2011년 신규) – 창의적 교실수업 구현: 창의·인성교육 지 원센터 운영 – STEAM 교육을 통한 융합형 교육 강화 (2011년 신규)
		진로·직업 교육 강화	– 초·중등 진로교육 강화 – 특성화고·마이스터고 선(先)취업 후(後)진 학 확대
		공교육 중심 입시제도 구축	– 고등학교 자기주도학습 전형의 안정적 정착 – 대입전형의 사교육 유발요인 최소화(2011년 신규) – 대학입학사정관제 내실화
		교육기부 및 학부모 참여 활성화	– 교육기부를 통한 공교육 경쟁력 제고 및 배 려와 나눔 교육 제공 – 사교육비 경감에 학부모 동참 적극 유도: 학 부모 교육 정책 모니터단 운영 – 정책중점연구소(사교육중점연구소, 자녀교 육중점연구소), 학부모지원센터와 연계, 자 녀교육 방법에 관한 콘텐츠 및 학부모 교육 자료 개발
	학교 중심 영어· 수학교육 내실화		– 실용영어 중심의 학교 영어 공교육 정책 지 속 추진 – EBSe를 활용한 방과후 영어교육 활성화 추진 – 영어 공교육 강화
	획기적인 방과후 학교의 질적 제고		– 방과후학교 우수 강사 육성 및 활용 – 방과후학교 민간 참여 활성화 – 방과후학교 행정지원체제 정비 – 저소득층 방과후학교 자유수강권 지원 확대

〈계속〉

2011. 5. 19. '공교육 강화- 사교육 경감 선순환 방안'	공교육 강화- 사교육 경감 선순환 환경 구축	- 공교육 강화 정책 지속 추진 - EBS 교재 무상지원 확대 및 PDF 파일 제공 - 엄마품 온종일 돌봄교실 확대 - 학원비 안정화 및 학원 운영의 투명성 강화 - 사교육비 경감을 위한 시 · 도 교육청 책무성 제고 - 학원의 설립 · 운영 및 과외교습에 관한 법률 개정(안) 추진
2012. 2. 17. '사교육비 경감 대책'	수요자 중심 방과후 학교 운영	- 철저한 수요자 중심 방과후학교 운영 - 사회의 우수 자원을 활용한 방과후학교 프로그램 다양화 - 초등학교 돌봄교실 운영 확대를 통한 돌봄 사교육 수요 해소 - 방과후학교 자유수강권 지원 확대 등 수강료 부담 완화 - 방과후학교 지원 · 관리 체제 정비
	사교육 수요가 높은 과목에 대한 맞춤형 대책	- EBSm 구축 등 수학 사교육비 경감 - EBSe 등을 활용한 상시 영어 학습환경 구축 - 언론사 참여 방과후학교를 포함한 다양한 논술교육 프로그램 제공
	사교육 유발 우려에 대한 선제적 대응	- 연습 프로그램과 정보 제공을 통한 NEAT 대비 사교육 해소 - 주5일 수업제 실행에 대한 다양한 체험활동 지원
	학생 · 학부모 대상 정보 제공 강화	- 공신력 있는 기관 및 언론사와 연계한 입시 · 학습법 정보 제공 - 학교 및 다양한 통로를 활용한 진로 · 진학 정보 제공
	선순환 방안 지속 추진	- EBS 수능연계 지속 및 EBS 강의 질적 제고 - 학원 운영의 투명성 강화와 학원비 안정화 - 고교입시 자기주도학습 전형 현장 정착

박근혜 정부의 사교육비 경감대책은 사교육비 현황과 원인을 분석하여 '공교육 정상화와 교육 희망사다리 재구축'하는 데 목표를 두었다. 초 · 중 · 고교 및 대학입학전형 등에서의 선행학습 유발

행위 금지를 위한 「선행교육규제법」을 제정 및 시행(2014. 3. 11. 제정, 2014. 9. 12. 시행)하고, 「공교육정상화 촉진 및 선행교육 규제에 관한 특별법」(이하 「공교육정상화법」)은 사교육 유발 요인인 선행학습을 줄이고 공교육을 정상화하겠다는 취지로 2014년 3월 11일에 제정되었다. 「공교육정상화법」은 사교육보다는 공교육에 초점을 두어 학교 내의 교육과정을 정상적으로 운영함으로써 선행학습을 유발하지 않도록 예방하며(홍선주, 이명진, 최인선, 2016: 1036), '선행학습 유발 영향평가'를 법제화하여 중·고교 및 대학의 입학전형에 적용하였다. 「공교육정상화법」은 실제로 대학입학전형에서 선행출제 및 평가 금지 위반 행위, 초·중·고교의 선행교육 및 선행출제·평가 금지 위반 행위 감소에 효과가 있는 것으로 분석되었다(이덕난, 유지연, 2022: 22).

2014년 12월에는 4대 핵심전략, 9대 중점과제를 담고 있는 '사교육 경감 및 공교육 정상화 대책'(2014. 12. 18.)을 발표하였다. 4대 핵심전략은 '사교육 수요가 높은 교과에 집중 대응' '학교급별 맞춤형 정책 대응' '법·제도 인프라 구축' '범사회적 사교육 경감 노력'이다. 9대 중점과제는 4대 핵심전략에 맞추어, 사교육 수요가 높은 교과인 영어교과와 수학교과에 집중 대응, 학교급별 맞춤형 정책 대응, 법·제도 인프라 구축, 범사회적 사교육 경감 노력을 병행하여 추진하였다. 학교급별 맞춤형 정책 대응은 초등학교의 경우 수준 높은 돌봄서비스 제공에, 중학교의 경우 자기주도적 학습능력 신장 및 고입전형 개선에, 고등학교의 경우 대입 부담을 완화할 수 있는 정책에 초점을 두었다. 특히 학생부종합전형 중심의 대입전형 체제를 확립하여 고교교육을 정상화함으로써 사교육비를 경감하고자 하였다(교육부, 2014a: 6-22). 〈표 3-3〉은 이 시기에 발표된 정부 정책 자료와 이덕난(2020) 등을 참조하여 재구성하였다.

〈표 3-3〉 박근혜 정부 사교육 경감 관련 정책 및 주요 내용

정책	주요 내용	세부 내용
2014. 3. 11. 「공교육 정상화 촉진 및 선행교육 규제에 관한 특별법」 제정	공교육 정상화	– 학교에서 이루어지고 있는 선행교육을 규제 – 학교 내 정상적인 교육과정 운영을 위한 여건 조성
2014. 9. 12. 「공교육 정상화 촉진 및 선행교육 규제에 관한 특별법」 시행	선행학습이 필요 없는 학교 교육과정 운영	– 학교가 편성한 교육과정의 범위 내에서의 학교수업 – 국립학교 및 대학에 '교육과정정상화심의위원회' 설치 · 운영(교육부장관 소속) – '시 · 도교육과정정상화심의위원회' 설치 · 운영(각 시도교육감 소속) – 방과후학교 실시
	사교육 없이 준비할 수 있는 공정한 입학전형	– 학교의 입학전형은 해당학교 입학 단계 이전의 교육과정 범위와 수준을 벗어나서는 안 됨
	학원 등 사교육 기관의 선행학습 유발 광고 및 선전 금지	– 공교육 정상화를 위한 사교육기관의 동참 유도

〈계속〉

2014. 12. 18. '사교육 경감 및 공교육 정상화 대책'	사교육 수요가 높은 교과에 집중 대응	– 영어: 학교수업의 질 제고(영어교원 전문성 신장, 영어 방과후학교 내실화, EBSe를 통한 자기주도학습 지원, 영어동아리 활성화, EBS 수능 교재의 어휘 수 및 난이도를 교육과정에 맞게 조정, 국가평생학습포털을 통한 영어 콘텐츠 제공) – 수학: 학습내용 적정화 및 수능 준비 부담 완화(교육과정 · 교과서 학습내용 조정, 초등 스토리텔링 수학학습 지원, 학습결손 보정 및 효율적 자기주도학습 지원, 현장교사 역량 개발을 위한 교과연구회 지원, 중장기 수학교육 발전을 위한 '수학교육 종합대책'('15~'19 수립), 수능 난이도 안정화, 수능 연계 EBS 교재 난이도 완화 및 교재 수 · 문항 수 · 분량 감축
	학교급별 맞춤형 정책 대응	– 초등: 방과후 돌봄기능 강화 및 지역 돌봄기관 간 연계 운영 지원, 다양하고 수준 높은 프로그램 제공, 돌봄교실 안전 관리 강화 – 중등: 자기주도적 학습능력 신장 및 고입전형 개선 – 고등: 대입 부담 완화(대입전형 사전예고 기간 확대), 학교 내 맞춤형 진학지도 실시, 고교 교육과정 중심의 대입전형 유도, 수능시험 개선 추진
	법 · 제도 인프라 구축	– 학원비 인상 억제 및 선행교육 풍토 근절(유아대상 영어학원 학원비 인하 유도, 학원의 선행학습 유발 광고 제한 등 학원 점검 강화, '사교육특별관리구역' 지정, 선행교육 및 선행출제 점검 강화) – 방과후학교 참여율 및 만족도 제고
2014. 12. 18. '사교육 경감 및 공교육 정상화 대책'	범사회적 사교육 경감 노력 병행	– 학벌중심사회에서 능력중심사회로의 전환(대학특성화와 경쟁력 제고를 통한 대학서열화 구조 완화, 선취업 후진학 확대, 능력인정체계 마련 및 확산, 직무능력을 중시하는 분위기 형성) – 학부모 교육 등 범사회적 인식 개선 – 사교육 없는 자녀교육 성공사례 발굴 · 확산 – 건전한 자기주도학습 문화 조성

〈계속〉

2016. 5. 29. 「공교육 정상화 촉진 및 선행 교육 규제에 관한 특별법」 일부 개정 및 공포·시행	사교육 수요 공교육 흡수	– 중·고등학교 학생의 선행학습에 대한 사 교육 수요를 방과후학교에서 흡수할 수 있 도록 법적 근거 마련(그동안 방과후학교에 서 선행교육이 전면 금지되어, 오히려 사교 육비가 증가하고 방과후학교 운영상 어려 움이 있다는 현장의 의견을 적극 반영하여 개정) – 방과후학교 과정이 아래에 해당하는 경우 선행교육 가능(일부 중·고등학교는 학기 중에도 허용) • 고등학교에서 휴업일(방학) 중 운영되는 경우 • 중학교 및 고등학교 중 농산어촌 지역 학 교 및 대통령령으로 정하는 절차 및 방법 등에 따라 지정하는 도시 저소득층 밀집 학교 등에서 운영되는 경우 ※ 다만, 2019년 2월 28일까지 한시적 운영
2016. 8. 12. 「학원비 옥외 가격표시제」 시행을 위한 시·도 규칙 근거 마련	법·제도 인프라 구축	– 사교육 경감 및 공교육 정상화 대책(2014. 12. 18.)의 '옥외가격표시제'의 전면 확대 권고 – 2016년 8월까지 8개 시·도 규칙에 옥외가 격표시제 시행 개정 완료(시행률 61.1%) – 전국 옥외가격표시제 시·도 규칙 개정 완 료로 안정적 제도 정착 기대

2017년에 들어선 문재인 정부는 별도의 사교육비 경감 정책을 제시하지 않았으나, '교육 혁명을 통한 공교육 혁신'을 국정목표로 내세우고 공교육 내실화를 위해 과정중심 평가로 전환하였으며 고교학점제 도입을 위한 기반을 구축하고자 하였다. 또한 사교육 정책과 관련해서는 돌봄체계와 방과후학교 활성화, 대입제도 단순화 및 공정성 강화, 학원비 안정화를 위한 점검과 관리 강화를 포함시켰다(교육부, 2018: 10-16). 2020년에는 코로나19로 인해 등교

가 전면 중단되고 원격수업을 시행하는 등 학교교육이 정상적으로 진행되기 어려워지고, 사교육 시장 또한 위축되어 사교육비 총액이 일시적으로 감소하였다. 그러나 2021년에는 코로나19 상황이 진정되면서 사교육비가 전년 대비 21%나 급등하였다. 교육부는 2021년 7월에 '교육회복 종합방안'을 발표하여, 2022년까지 교육결손과 사교육 증가 등에 대한 적극적인 대응과, 모든 학생의 교육회복을 위한 집중·총력 지원을 하고자 했다. 이 방안에는 등교를 통한 대면 수업으로 학사 운영을 정상화하는 일, 방과후학교 정상화 및 돌봄지원 확대, 학습결손 예방을 위한 튜터링 지원 등이 포함되었다(교육부, 2022a: 7-10). 〈표 3-4〉는 '교육회복 종합방안' 정책 자료를 참조하여 재구성한 것이다.

〈표 3-4〉 문재인 정부 사교육 경감 관련 정책 및 주요 내용

정책	주요 내용	세부 내용
2021. 7. 29. '교육회복 종합방안' 기본계획 발표	교육결손 회복 지원	- 학습결손 등 종합진단을 통한 회복 지원: 학습진단, 심리·건강 진단 - 학습결손 회복 지원: 학습보충, 기초학력 향상, 학습종합클리닉센터, 코로나19 대응 중·장기 종단조사 - 몸과 마음 회복 지원을 위한 다양한 프로그램 제공: 심리·정서 상담교육 및 맞춤 지원, 사회성 또래활동 및 교외체험학습, 신체활동 및 예방교육

〈계속〉

2021. 7. 29. '교육회복 종합 방안' 기본계획 발표	유아·직업계고·취약계층 맞춤 지원	- 유아 맞춤형 지원: 상담, 발달 지원, 신체건강 회복, 교원정서 지원, 교육환경 조성 - 직업계고 취업 지원 강화: 원격수업 지원, 취업역량 강화를 위한 자격취득 지원, 실습수업 보조강사, 사회진출을 위한 채용연계 직무교육, 혁신지구 확대 - 취약계층(다문화, 탈북, 장애학생, 저소득층)을 위한 맞춤형·단계별 프로그램 확대 및 지역사회 연계
	교육여건 개선	- 과밀학습 해소 방안: 제도 개선, 공동추진 실무기구 운영, 교원 수급 - 교원 지원: 심리·정서 치유, 심리회복 프로그램, 업무 효율화, 제도 개선 - 미래학교 조성: 미래교육, 환경·생태·민주시민 교육 강화, 학교무선망, 공공 LMS, 스마트 기기 보급 등 디지털 인프라 구축, 그린스마트 미래학교

〈표 3-5〉는 문재인 정부 기간 동안 연도별 사교육비 실태조사 결과에 따른 대응 방안이다(이덕난, 유지연, 2022: 18-19).

〈표 3-5〉 문재인 정부의 사교육비 실태조사 결과에 따른 대응 방안[2]

정책	주요 내용	세부 내용
2017년 '사교육비 조사 결과 및 대응 방안'	쉽고 재미있는 교과교육 및 학생 참여 중심 교육과정 운영	- 교과영역 사교육 의존도를 경감하기 위해 '2015 개정 교육과정'에 대해 정확한 안내 및 홍보강화 - 학생 활동 중심으로 개선 - 과정중심평가 강화

〈계속〉

---

2) 이덕난, 유지연(2022: 18-19)에서 인용. 본문 형식에 맞게 수정.

2017년 '사교육비 조사 결과 및 대응 방안'	다양한 수요를 반영한 예술 및 체육활동 기회 확대	- 예체능 취미 · 교양 사교육 증가에 대응
	지역사회와 함께 하는 방과후학교 및 초등돌봄 활성화	- 수요자 맞춤형 방과후학교 프로그램의 강화: 자녀 수가 적은 가구의 학생 1인당 사교육비의 지출 증가, 저출산 시대의 자녀 교육에 대한 관심 증가와 보육 및 친구 사귀기 목적의 사교육 수요 증가에 대응 - 지역사회 연계 초등 돌봄서비스의 확대
	공정하고 투명한 입시제도 마련	- 고입 등 진학준비로 인한 사교육 부담의 지속적인 해소: 고입 동시 실시 및 향후 고교체제 개편 등을 통해 고교 서열화로 인한 고입 경쟁 완화, 자사고 등 진학준비 해소 - 공교육 내의 진로 · 진학상담 확대 및 내실화: 학생 · 학부모의 진로 및 진학 관련 사교육비 부담을 경감
	교육의 계층사다리 복원 노력과 학원비 인상 억제	- EBS 강의의 사교육비 절감 효과를 감안하여 검 · 인정 출판사 교과서 기반 강의의 확대 · 개발 계획 - 계층사다리 복원: 한 아이도 놓치지 않는 교육, 취약 계층 지원의 강화 등 - 학원비 지도 · 점검 강화: 물가상승분을 반영한 학원비 상승으로 인한 사교육비의 상승 영향 경감 - 공교육 혁신 및 사교육 경감의 선순환 체제의 구축: 교실과 학교의 근본적인 변화
2018년 '사교육비 조사 결과 및 대응 방안'	대입개편방안의 안정적 추진	- '2022학년도 대입개편방안'의 안정적 추진 - 대입의 투명성 · 공정성 강화와 단순화의 지속적인 추진
	공교육의 내실화 및 방과후학교 활성화	- 학교교육 혁신의 지속적인 추진: 공교육 내실화를 통한 교육의 질적 제고가 근본적으로 사교육을 경감할 수 있는 대책이라는 원칙 - '기초학력 지원 내실화 방안' 수립 - 지역사회와 연계한 수요자 맞춤형 방과후학교의 활성화

〈계속〉

2018년 '사교육비 조사 결과 및 대응 방안'	학원비 안정화 및 온종일 돌봄체계 구축	- 학원비 안정화의 지속적인 추진 - 초등돌봄교실의 지속적인 확충, 온종일 돌봄체계의 구축
	사회구조적 영향의 완화 노력	- 사회구조적 영향 완화: 저출산 기조, 학력별 임금 격차 등과 같은 사회구조 요인이 사교육 증가 영향 완화 - 교육의 희망사다리 정책 강화 - 고졸취업 활성화 정책 강화
	시·도 교육청과 공동으로 체계적인 사교육 점검·조사 실시 및 정책 개선	- 다양한 지역 여건별로 맞춤형 사교육 경감 대책을 마련할 수 있도록 시·도 교육청과 공동의 노력 - 사교육비 통계의 현실성 제고를 위해 통계청 및 시·도 교육청과 협의
2019년 '사교육비 조사 결과 및 대응 방안'	공교육 내실화	- 과정중심평가로의 전환 - 영어: '영어교육 내실화 계획'의 현장 안착 지원 - 수학: EBS Math, Ask Math 등을 활성화하는 수학 학습방법 제공 - 예술, 체육 교육활동 수요의 공교육 흡수 - 학교 진로교육의 강화
	초등 사교육 수요 감축	- 고교학점제 도입 기반의 조성 - 미래교육 수요에 맞는 학교 공간 혁신 - 온종일 돌봄체계 구축 - '기초학력 지원 내실화 방안' 안착 - 고교서열구조 해소를 위한 지속적인 노력
	대입제도 단순화 및 공정성 강화	- '대입제도 공정성 강화방안'의 현장 안착 - 정규 교육과정 중심의 학생평가 - 학생부 기재의 기반 조성
	방과후활동 강화와 학원비의 안정화 사교육 대응 점검 및 관리	- 방과후학교 프로그램의 활성화 - 학원비 안정화를 위한 점검 및 관리 강화 - 시·도 교육청의 사교육 대응 책무성 제고
	사회인식의 개선	- 사교육을 유발하는 사회구조적 영향에 대한 완화 노력 - 미래사회 인재상과 자녀교육 인식 제고

〈계속〉

	기초학력 · 자기 주도학습 지원 강화	- 기초학력 저하 우려에 대한 대응 - 인공지능(AI) 기반 기술 등의 온라인 시스템을 활용한 개인 맞춤형 학습환경의 제공
2020년 '사교육비 조사 결과 및 대응 방안'	고등학생 학습보충 및 심화 수요 대응	- 철저한 방역하에 고등학교에서의 교과학습과 학습보충 · 심화, 진학 준비 등 지원 - EBS 교육자료(콘텐츠) 활용 학습 지원
	입시제도의 안정적 운영과 진로 · 진학 지도 내실화	- 초등학교 및 중학교 단계의 사교육 유발 요인 해소: 일반고 중심 고교체제 안착, 영재학교 및 과학고 입학전형 개선 - 학생 맞춤형 진로 및 진학지도로 진로-진학 학습상담 목적의 사교육 수요 완화
	교육격차 해소 지원 강화	- 소득격차에 따른 교육양극화 완화 - 코로나19 상황에서 학력 격차를 최소화하기 위해 원격수업의 질 제고
	잠재적 사교육 유발 요인의 선제적 대응	- 방과후학교의 정상화 및 돌봄 확대 - 사교육기관 대상 관리 · 감독 강화
	주요 교육 정책을 일관성 있게 추진하여 공교육 내실화	- 공교육 내실화를 위한 '2021년 학사 · 교육과정 운영 지원 방안'(2021. 1.)과 '고교학점제 종합 추진 계획'(2021. 2.)의 정책 추진 - 학부모의 자녀교육 역량 강화와 사교육 인식의 개선 노력 지속 - 사회관계장관회의 등을 통한 '사교육 격차-학력 격차-임금 격차' 등 사회구조적 문제 해소를 위한 노력
2021년 '사교육비 조사 결과 및 대응 방안'	방역안전망하에서 학사운영 정상화	- 학교 교육활동의 회복, 학습에 대한 학부모 불안 및 우려 해소로 사교육 의존에 대응
	방과후학교 정상화와 프로그램 확대	- 코로나19 장기화로 인한 방과후학교 프로그램 제한 등으로 초등학교 예체능 등 보충 수요에 대한 사교육 의존에 대응
	교과학습 보충 지원과 대학생 튜터링 확대	- 초등 · 중학교의 전 교과 사교육비 증가에 대응
	기초학력 국가 책임지도 강화	- 기초학력의 저하 우려를 해소: 원격수업, 기초학력 부진학생에 대한 학교 지원 등

(계속)

| 2021년 '사교육비 조사 결과 및 대응 방안' | 학생 통합지원 체제의 구축 등 교육격차 해소 추진 | – 통합지원체제의 구축과 취약계층 대상 지원의 확대: 가구 소득 수준별 사교육비 지출 격차의 지속적인 발생에 따른 교육격차를 해소 |
| | 인공지능(AI) 기반의 온라인 맞춤형 학습 시스템 확충 | – 코로나19의 장기화, 온라인 사교육 시장 확대 등의 상황에서 유료인터넷·통신강좌 유형의 사교육 선호 및 수요 증가에 대응 |

(1) 노무현 정부(2003~2008)

노무현 정부 시절의 대표적인 사교육비 경감 정책은 2004년 2월에 교육인적자원부에서 발표한 '공교육 정상화를 통한 사교육비 경감대책'(2004. 2. 17.)이었다. 2003년 참여정부가 출범한 이후 교육인적자원부는 교육계 관계자, 학부모, 전문가와의 논의와 의견수렴을 거쳐 1여 년 만에 '공교육 정상화를 통한 사교육비 경감대책'을 수립·발표하였다. 이 정책에는 학교 밖에 현존하는 사교육 수요를 공교육 체제 안으로 흡수하기 위한 방안들이 마련되었다. 노무현 정부는 '사교육비 지출의 악순환 구조'를 사교육비 경감대책의 추진배경으로 지목하고, 급증한 사교육비 부담으로 국민들이 고통을 받고, 교육적·사회적·국가적 폐해를 유발하고 있다고 다음과 같이 보았다. 첫째, 사교육의 팽창은 공교육을 부실하게 하고, 소득격차에 의한 사교육 차이는 교육기회의 불평등으로 이어져 사회통합을 저해한다. 둘째, 지나친 사교육비 지출은 가계에 부담을 가져오고 학생들의 정신적·신체적 발달에 부정적인 영향을 초래한다. 셋째, 사교육은 반복적인 문제풀이 방식으로 이루어지는 경향이 강하므로 국제경쟁력의 약화로 이어질 위험이 있다(교육인적자원부, 2004: 2).

'공교육 정상화를 통한 사교육비 경감대책'(2004)에 나타난 사교육의 원인은 다음과 같다. 첫째, 학벌주의 사회풍토다. 능력보다는 출신 학교가 성공을 결정하는 학벌주의로 인해 교육에서의 경쟁이 '일류대학' 입학에 집중되고 있으며, '대학 서열화'와 맞물려 대학 입학에서 상대적 우위를 확보하기 위한 경쟁적 사교육이 발생한다. 둘째, 시험점수·석차 위주의 교육경쟁 구조로서, 통합 교과형 출제방식에 의한 수능시험 제도로 인해 학생들이 사교육기관에 의존하는 것이 불가피하다. 셋째, 학생 욕구를 충족시키지 못하는 학교교육이다. 학교에 존재하는 이질적 학습집단으로 인해 학력 보충 또는 심화학습을 위한 사교육이 발생하며, 초등 예체능 특기 계발 및 영어학습에 따른 사교육의 팽창도 유발한다. 넷째, 보육과 탁아(돌봄)를 위한 과외수요 확대. 초등학교 저학년 방과후 탁아(돌봄)를 위한 사교육이 확산되고 여성의 사회진출 급증에 따라 보육을 위한 과외수요가 증가한다. 다섯째, 학부모의 왜곡된 교육관과 사교육에 대한 맹신이다. 학부모들은 사교육의 효과에 대한 기대와 불안심리 때문에 사교육에 의존하고 있다(교육인적자원부, 2004: 4-5).

이러한 사교육의 원인 분석에 따라 노무현 정부는 사교육비 경감대책의 정책방향을 크게 세 가지로 제시하였다. 첫째, 사교육의 근본적 원인을 해결하기 위해 학교교육의 경쟁력을 제고하고 신뢰를 회복하는 것이다. 학교교육의 경쟁력을 제고하기 위해서는 우수교원을 확보하여 수준별 교육을 실시하고, 성적보다 다양한 선발을 지향하는 대입전형제도의 개선과 진로지도를 강화할 필요가 있다. 둘째, 사교육 수요를 공교육 체제 내에 흡수함으로써 사교육 팽창을 막는 것이다. EBS 이러닝을 통해 수능과외를 실시하고, 수준별 보충학습을 실시하며, 방과후 특기·적성교육과 영어 관련 프로그램을 다양하게 운영하고 초등학교 저학년 '방과후교실'을 운영함으로써 탁아(돌봄) 수요를 흡수한다. 셋째, 학벌주의 및 왜곡된 교육관을 극복하는 사회문화 풍토 개선이다. 지방대학 집중 육성 및 대학의 권역별·영역별 특성화를 유도하고, 지방출신자의 공직임용 확대방안을 도입하며, 선행학습 폐해 등 사교육 맹신 타파를 위한 교육 및 홍보를 한다(교육인적자원부, 2004: 6-27; 김정근, 2020: 151).

노무현 정부의 교육부는 학교 밖에 현존하는 사교육 수요를 공교육 체제 안으로 흡수하기 위해 '공교육 정상화를 통한 사교육비 경감대책'을 수립·발표하였고, 이후 지속적으로 사교육 경감 정책을 추진해 오고 있다(한국교육개발원, 2015). 2014년에 「공교육 정상화 촉진 및 선행교육 규제에 관한 특별법」(이하 「공교육정상화법」; 2014. 9.)과 '사교육 경감 및 공교육 정상화 대책'(2014. 12.)을 추진하였으며, 이후에 복습·심화·예습과정 등을 위한 방과후학교 과정을 개설·허용하는 일부 법률이 개정되었다. 그리고 학원비 옥외가격표시제 시행을 위한 시·도 규칙 개정 등을 추진하였다.

노무현 정부는 사교육과의 전면전을 선포하는 대신, 사교육의 뿌리부터 차근차근 되짚어 보고자 했다. 이 시기 교육부는 이전에 '학교정책실'에서 다뤘던 사교육 정책을 '정책홍보관실'로 옮겼다.

사교육의 실체를 인정하고, 초·중등·대학 등 교육부문뿐 아니라 경제구조, 노동시장, 사회문화적 환경을 포함하는 종합적 구도에서 사교육 정책을 추진하기 위해서였다(특별기획팀, 2007. 11. 1.). 정책 개발을 위한 정확한 통계 자료 마련과 사교육대책추진팀 '독립'은 이 시기 주목할 만한 정책변화다. 2007년부터 정부 차원의 사교육비 조사가 일관된 기준에 따라 정기적으로 실시되기 시작한 것은, 사교육비 문제와 관련된 엄격한 실증연구의 밑거름을 마련했다는 점, 그리고 사교육 시장이 유포하는 정보에 무방비로 노출된 학부모들에게 정확한 통계분석 자료를 제공함으로써 합리적 선택을 도울 수 있을 것으로 기대된다는 점에서 그 의의가 있다.

(2) 이명박 정부(2008~2013)

이명박 정부는 '교육만족 두 배, 사교육비 절반'이라는 정책 기조를 마련하고, 학교교육의 만족도를 제고하여 국민의 사교육비 부담을 해소하는 것을 교육 정책의 목표 중 하나로 삼았다(교육과학기술부, 2008. 3. 20.). 주요 사교육비 정책으로는 '학원비 경감방안'(2008. 10. 28.), '공교육 경쟁력 향상을 통한 사교육비 경감대책'(2009. 6. 3.), '공교육 강화-사교육 경감 선순환 방안'(2011. 5. 19.), '2012년 사교육비 경감대책'(2012. 2. 17.) 등이 있다.

이명박 정부의 첫 사교육 정책에는 '학원비 경감방안'으로 학원비 실태조사, 특별지도 및 행정처분 강화, 학원비 안정화 및 투명성 제고 시스템 개선, 행정지원 체계 구축 등이 포함되어 있다. 두 번째 사교육 정책은 '공교육 경쟁력 향상을 통한 사교육비 경감대책'으로, 세부 추진과제는 다음과 같다. 공교육 내실화 추진 지속, 입시제도 선진화, 사교육 대체 서비스 강화를 통한 사교육 수요 흡수, 학원 운영의 효율적 관리, 제도·문화적 인프라 구축이다. 세 번째 사교육 정책은 '공교육 강화-사교육 경감 선순환 방안'으로 그 주요 내용은 교실수업의 근본적 변화 기반 구축, 학교 중심 영어·수학교육 내실화, 방과후학교의 질적 제고, 공교육 강화-사교육 경감 선순환 환경 구축을 골자로 한다. 네 번째 사교육 정책은 '2012년 사교육비 경감대책'이다. 세부 추진과제는 수요자 중심 방과후학교 운영, 사교육 수요가 높은 과목 맞춤형 대책, 신규 사교육 유발 우려에 대한 선제적 대응, 학생·학부모 대상 정보 제공 강화, 공교육 강화-사교육 경감 선순환 방안 지속적 추진이다.

이명박 정부의 대표적인 사교육비 경감대책은 교육과학기술부가 2009년 6월에 발표한 두 번째 정책인 '공교육 경쟁력 향상을 통한 사교육비 경감대책'이었다. 이 정책의 추진배경은 높은 사교육비 지출과 사교육 과열 현상이다. 높은 사교육비는 가계에 경제적 부담을 주었다. 소득대비 사교육비 비율은 '고소득층(4.3%)〈저소득층(4.6%)〈중산층(5.6%)' 순(강중구, 2009. 3. 2.: 48)으로 나타나 특히 중산층 및 저소득층에 더욱 부담으로 작용하고 있는 것으로 보였다. 이로 인해 이 정책에서는 저출산, 기러기아빠, 가정해체, 계층 간 위화감(가난 대물림 고착화) 등과 같은 많은 사회문제의 출발점을 높은 사교육비에서 찾았다. 한편, 사교육 과열은 창의적 인재 양성의 저해요인으로 작용한다. 입시문제 풀이식·주입식 위주의 사교육은 또한 자기주도적 학습능력을 약화시키고 정형화된 인간을 배

출함으로써 창의적 인재 육성을 저해하였다(교육과학기술부, 2009. 6. 3.; 김정근, 2020: 151).

2009년 사교육비 경감대책은 사교육비 지출원인을 공교육의 경쟁력 약화, 과도하고 비생산적인 사교육을 유발하는 입학전형, 사교육 시장의 투명한 운영수단 부족 등으로 보았다. '공교육의 경쟁력 약화'는 공교육 개선을 위해 교원의 적극적인 노력을 유도할 수 있는 장치가 미흡하였고, 방과후학교 프로그램이 학생들의 다양한 수요를 충족시키기에는 부족하였으며, 초등학교 저학년을 위한 돌봄기능이 미약하였기 때문이다. '과도하고 비생산적인 사교육을 유발하는 입학전형'은 특수목적고등학교(이하 특목고) 등의 입학전형이 설립 취지와 달리 최상위 학생을 뽑기 위한 전형으로 변질되면서 진학 경쟁이 과열되고, 내신과 수능, 면접·논술 등 대학 입학의 전형 요소가 많고 복잡해지게 되었다. 이는 입시전형에 따라 사교육비가 영향을 받는 것으로 보이는데, 2007년 대비 2008년의 경우, 영어는 월평균 7.6만 원으로 11.8% 증가하였고, 수학은 월평균 6.2만 원으로 8.8% 증가하였다. 초·중·고 학생들의 TOEIC·TOEFL·TEPS 응시자 수도 급증하여 58.5% 증가한 것으로 나타났다. 사교육 중에서는 영어·수학이 많은 비중을 차지하며 지속적으로 증가하였다. 이와는 달리 2007년 대비 2008년의 논술은 월평균 7천 원으로 12.5% 감소하였으며, 제2외국어 등은 월평균 5천 원으로 16.7% 감소한 것으로 나타났다. 대입에서 논술이나 제2외국어의 반영 축소에 따라 사교육 수요가 감소한 것으로 나타난 것이다(교육과학기술부, 2009. 6. 3.). '사교육 시장의 투명한 운영수단 부족'은 사교육 시장의 정보 왜곡 등으로 인해 학원비와 교습시간을 합리적으로 견제하기 어렵다는 점과, 사교육 업체들의 과장광고를 통한 학부모의 막연한 불안감을 조성하고 여기에서 비롯된 불필요한 선행학습을 조장한다는 것을 의미한다.

이명박 정부의 대표적 사교육 관련 정책인 '공교육 경쟁력 향상을 통한 사교육비 경감대책'의 목표는 '학교교육 강화로 사교육보다 나은 공교육 실현'이었다(교육과학기술부, 2009. 6. 3.). 이것은 '사교육 수요 흡수'를 기반으로, '공교육 내실화' '입시제도 선진화' '학원 운영의 투명성 제고'의 크게 네 부분으로 구성되어 있었다. 첫째, '사교육 수요 흡수'는 사교육 수요를 공교육 체제로 흡수시켜 사교육 경감을 유도하는 것이다. 사교육 없이도 다양하고 질 높은 교육을 제공하는 우수학교를 발굴하고 전국적으로 확산하며, '사교육 없는 학교' 1,000개교(2012년) 육성을 목표로 내세웠다. 또한 방과후학교 참여율을 2012년까지 전체 학생의 3/4 수준(75%)으로 끌어올리며, 학부모 방과후학교 지원을 활성화하고, EBS 수능강의 서비스를 최상의 수준으로 발전시키고자 하였다.

둘째, '공교육 내실화'를 다시 '학교 다양화' '정규수업 내실화' '책무성 강화'의 세 부분으로 나누었다. '학교 다양화'에는 기숙형 공립 고등학교, 자율형 사립고 등 고교다양화 300 정책, 농어촌 전원학교가 있으며, '정규수업 내실화'에는 교육과정 및 교원인사 자율 확대, 교과교실제 도입, 수준별 이동수업 확대, 의사소통 중심의 영어교육 강화, 학업성취도평가 개선, 학력향상 중점학교 지원 등이 포함된다. '책무성 강화'에는 교원평가제 도입, 시·도 교육청

평가, 사교육 영향 평가 등의 도입이 있다. 중·고등학교 기출문제를 해당 학교 홈페이지 등에 공개함으로써 사교육 경감을 유도하고, 시·도 교육청 홈페이지, 교수학습센터, 나이스학부모서비스 등과 연결하여 기출문제를 통한 학습 지원도 마련하고자 하였다. 학교별 중간·기말고사 기출문제 공개 여부 및 방법을 시·도 교육청 평가지표에 반영함으로써 교사들의 책무성을 강화하고, 자기계발을 유도하였다. 이를 통해 공교육을 경쟁력 있는 학교로 변모할 수 있도록 기반을 조성하고자 하며, 뒤처지는 학생이 없도록 통계에 기반을 둔 학력 향상을 지원하는 것으로 공교육 내실화를 지속적으로 추진하고자 하였다.

셋째, '입시제도 선진화'는 대학의 학생선발 권한을 확대하고 초등·중학교 교육 정상화가 함께 이루어지는 선진형 대입전형 정착을 지원하고자 했다. 성적 위주의 획일적 선발에서 학생의 잠재력, 소질 등 다양한 요소를 고려한 선발체제로 개편하고, 대학 입학사정관제가 연착륙될 수 있도록 내실화하며 단계적·점진적 정착[1단계: 내실화(2009) → 2단계: 확대(2010~2011) → 3단계: 정착(2012 이후)]을 지원하였다. 또한 과학고등학교와 외국어고등학교 등 특목고를 설립 목적에 부합하는 교육과정으로 운영하고 사교육 유발 요인을 줄이는 방향으로 입학전형을 개선하고자 했다. 외국어고의 경우 2010학년도 이후, 변형된 형태의 지필고사 금지, 중학교 내신 반영 시 과도한 수학·과학 가중치 합리화 추진(2011년도 입시), 학교 교육과정 범위를 넘어 선행학습을 유발하는 각종 경시·경연 대회 수상실적 반영 금지, 중학교 교육과정 외 출제 금지를 위한 모니터링 강화 등 지속적으로 입시제도 개선을 추진하였다. 과학고의 경우는 경시대회 · 영재교육원 수료자 전형을 없애고, 일반 전형도 단순화(2011년도 입시)하며, 입학사정관 전형은 '중학교 추천→입학사정관 자료 검증→입학사정위원회 심사 절차'로 선발하도록 하였다. 입학사정관들의 교차 검토, 반복 검토 등으로 객관성 및 신뢰성을 제고하였다. 국제 과학올림피아드 출전자 선발시험을 폐지하고, 학교장 추천 및 학회 심사로 개선하였다(2010년 대회부터 적용). 영재선발도 시험 위주에서 영재교사의 관찰 · 추천 선발로 전환하였다.

넷째, 학원 운영의 투명성을 제고하기 위해 불법 · 편법 운영 학원을 특별 점검하고 신고포상금제를 도입하였다. 학원 교습시간을 시 · 도 자율로 단축 운영하도록 유도하고, 교습시간 준수 지도를 통해 '학생의 건강 및 안전'을 보호하고자 했다. 「학원의 설립 · 운영 및 과외교습에 관한 법률」에 '온라인 학원' 제도를 신설하고 온라인 교육기관의 수강료를 제한하고자 하였다. 학원비 징수 등 학원 운영의 투명성을 강화함으로써 사교육비 경감으로 이어질 수 있도록 하였다(교육과학기술부, 2009. 6. 3.).

(3) 박근혜 정부(2013~2017)

박근혜 정부는 '자유학기제' 운영을 핵심 국정과제로 채택(2013. 2.)하고 추진하였다. 자유학기제는 공교육 정상화 및 내실화를 위해 먼저 중학교 학생을 대상으로 시범 운영되었다. 자유학기제가 직접적인 사교육 경감대책은 아니지만, '공교육 정상화 및 내실화'를 추구한다는 점에서 간접적으로 사교육과 관련된 정책이라고 볼 수 있다. 교육부는 '자유학기제' 운영을 위해 다양한 학생의 수요 맞춤형 교육 프로그램 운영, 학생 참여 중심 프로그램 운영을 위한 교수·학습 방법의 개선, 학교 교육과정 자율성 확대 등을 위한 계획을 발표하였다. 자유학기제의 안정적이고 지속적인 운영을 위한 법적 근거를 마련하기 위해 「초·중등교육법 시행령」을 개정하고, 2016년부터는 전체 중학교로 확대하여 실시하였으며, 현재는 자유학년제로 확대·운영 중이다.

교육부는 2013년 하반기 '대입전형 간소화 및 대입제도 발전방안'을 수립하였다. 이후 '고교교육 정상화 기여대학 지원사업 시행계획'(2014. 3. 6.)을 마련하고 고교교육 정상화에 기여하는 대학에 예산을 지원하여 대학의 자율적 노력을 촉진하였다. 2014년에는 총 600억 원의 예산을 60개교 내외의 대학에 지원하며, 평가결과와 대학의 규모 등을 종합·고려하여 대학별 최대 50억 원 내외의 예산을 지원하였다. 이 사업을 통해, 교육부는 박근혜 정부의 핵심 국정과제인 대입전형 간소화를 실현하고 이를 바탕으로 학생들의 꿈과 끼를 반영하는 전형이 확대·운영되도록 유도하고자 하였다.

2015년 8월에 교육부는 '자유학기제 확산' '공교육 정상화 추진' '사회수요 맞춤형 인력 양성' '일·학습 병행 확산' '지방교육재정 개혁' '선(先)취업 후(後)진학 활성화'를 추구하는 '6대 교육개혁과제'(2015. 8.) 추진계획을 발표하였다. 이어 같은 해 9월에는 '2015 개정 교육과정'(2015. 9. 23.) 총론 및 각론도 확정하여 발표하였다. 이 교육과정의 목표는 창의융합형 인재 양성이다(교육부, 2015a).

교육부는 자유학기제와 '2015 개정 교육과정'을 연계하여 운영하였으며, 곧이어 '학교체육·예술교육 강화 지원계획'(2015. 11. 18.) 방안을 마련하였다(교육부, 2015b). 이 방안은 학생들로 하여금 공교육 내에서 다양한 예술 활동을 체험하고 즐겨 참여할 수 있도록 하는 것으로 지속적으로 확대하여 추진해 오고 있다.

박근혜 정부는 사교육과 관련하여 2014년 '사교육 경감 및 공교육 정상화 대책'(2014. 12. 18.)을 발표하였다. 박근혜 정부가 사교육비 경감대책을 추진하게 된 배경은 사교육비로 인한 국민 부담이 여전하고 저출산 및 사회적 불평등 등 사회적 문제가 야기되고 있을 뿐만 아니라, 사교육이 자기주도학습 능력 신장과 창의적 인재 양성에 걸림돌이 되기 때문이었다(교육부, 2014b: 1-2).

2014년 '사교육 경감 및 공교육 정상화 대책'은 사교육비 원인을 다음과 같이 지목하였다(교육부, 2014b: 3-5; 김정근, 2020: 152-153). 첫째, 영어와 수학과목의 사교육비 비중이 높다. 2013년 기준 영어 사교육비는 6.3조 원으로 34%, 수학은 5.8조 원으로 31%를 차지하였다. 영어교과는 '영어만 잘해도 성공할 수 있고, 필수 생존 도구'라는 사회적 분위기가 영어 사교육 시기를 앞당기는 요인으로 작용하였다. 한편, 수학교과는 과목 특성상 높은 위계성을 갖고 있기 때문에(초등학교 고학년 수학과 중학교 수학의 용어·기호의 수는 31개에서 61개로 약 2배 차이), 한번 놓치면 따라잡기 어렵다는 생각이 사교육 의존도를 높이는 것으로 보였다.

둘째, 초등학교는 '보육', 중·고등학교는 '입시' 때문에 사교육이 증가하는 경향을 보였다. 2013년 기준 맞벌이 가정의 초등학생 자

녀 사교육 참여시간은 주당 7.3시간으로 외벌이 자녀 6.6시간보다
긴 것으로 나타났다(교육부, 2014b: 4). 초등학교 저학년 자녀를 둔
맞벌이 가정은 보육을 담당할 곳이 없어 사교육에 참여하는 시간
이 상대적으로 많았으며, 초등학교 고학년부터 중학생까지는 특목
고·자율고 입시를 위한 사교육 의존이 높은 것으로 나타났다. 고
등학생은 수능난이도에 영향을 받는 것으로 나타났는데, 대학별로
복잡한 대입전형과 예측이 어려운 수능난이도가 사교육 의존도를
심화시키는 것으로 보였다.

셋째, 사교육업체 측면의 사교육 증가요인은 선행교육 조장 풍
토와 불안 마케팅이었다. 2013년 7월 교육부와 국민권익위원회의
사교육 목적에 대한 인식조사[3] 결과, 성적 및 내신관리가 44.3%,
선행학습이 25.2%로 높은 비중을 차지하였다(교육부, 2014b: 5). 학
부모의 불안심리를 이용한 사교육업체의 소위 '공포 마케팅'과 물
가상승률 이상의 학원비 인상도 사교육비를 증가시키는 요인 중

3) 이 같은 내용은 사교육 경감방안 모색을 위해 범정부 온라인 소통포털인 국민신
문고(www.epeople.go.kr)를 운영하는 국민권익위원회(위원장 이성보)가 7월 8일부
터 7월 31일까지 교육부(장관 서남수)와 함께 실시한 온라인 설문조사에서 나온 결
과다. 설문조사는 학생과 학부모 등 총 9,086명의 국민들이 온라인을 통해 자발적
으로 참여하여 이루어졌다. 설문조사 외에 권익위가 교육부, 다음 커뮤니케이션
과 공동으로 7월 1일부터 7월 31일까지 실시한 온라인 정책토론에서는 ▲ 사교육
과 선행학습의 실태와 문제점 ▲ 사교육 경감과 선행학습 방지를 위한 정책적 제
안 등 사교육 문제와 관련하여 다양한 네티즌 의견이 수렴되었다. ▲ 학교 교육
과정 내실화, 교과서 난이도 개편 등 공교육이 제 기능을 발휘하도록 하여 사교육
수요를 낮추어야 하며 ▲ 특목고, 대입수능 등 사교육을 유발하는 입시제도 개선
▲ 학력위주가 아닌 능력중심의 사회문화가 조성될 수 있도록 국민의 의식변화가
필요하다는 내용 등이 사교육 문제점과 선행학습에 대한 해법으로 제시되었고,
▲ 방과후학교, 돌봄교실 운영에 대한 개선의견들도 활발히 논의되었다(국민권익
위원회, 2013. 9. 2.).

하나였다.

넷째, 사교육의 근본적 원인은 학벌주의와 대학 서열화다. 2013년 교육부와 국민권익위원회의 사교육 목적에 대한 인식조사 결과에 따르면, 학부모 사교육 증가 원인으로는 취업 등에 있어 출신 대학이 중요하다는 응답과, 특목고나 대학 등 주요 입시에서 점수 위주로 학생을 선발하기 때문이라는 응답이 각각 5점 만점에 4.1점으로 동일하게 나왔고, 대학 서열화 구조가 심각하다는 응답은 4.0점으로 그 뒤를 이었다(교육부, 2014b: 5).

박근혜 정부의 사교육비 경감대책은 '공교육 정상화와 교육 희망사다리 재구축'에 목표를 두었다. 이 목표를 달성하기 위한 4대 핵심전략은 사교육 수요가 높은 교과에 집중 대응, 학교급별 맞춤형 정책 대응, 법·제도 인프라 구축, 범사회적 사교육 경감 노력 병행이다(교육부, 2014b: 6-22). 첫째, 사교육 수요가 높은 교과에 집중 대응하는 것은 학교교육의 질을 높이고 수학교과의 학습내용을 적정하게 조절함으로써 수능 준비 부담을 완화하는 것이다. 둘째, 학교급별 맞춤형 정책 대응은 다음과 같다. 초등학교는 수준 높은 돌봄서비스를 제공하고, 중학교는 자기주도학습 능력을 신장하며 고입전형을 개선한다. 고등학교는 대입 부담을 완화시킴으로써 사교육 경감을 유도한다. 셋째, 법·제도 인프라 구축은 학원비 인상을 억제하고 선행교육 풍토를 근절하며, 방과후학교 참여율 및 만족도를 제고한다. 넷째, 범사회적 사교육 경감 노력은 학벌중심사회에서 능력중심사회로 전환하고, 학부모 교육 등 범사회적 인식을 개선하고자 하였다.

(4) 문재인 정부(2017~2022)

문재인 정부는 사교육비 경감대책을 별도의 종합대책 형식으로 발표한 적은 없지만, 연도별 사교육비 조사 결과를 발표하면서 그 안에 '사교육비 대응방안'을 포함하는 방식으로 제시하였다. 교육부의 2017년부터 2021년까지의 '사교육비 실태조사 결과 및 대응방안'을 살펴보면 연도별로 큰 차이는 보이지 않는다. 대체로 이전 정부와 동일하게 '공교육 정상화'의 기조 아래 '교육 혁명을 통한 공교육 혁신'이라는 국정목표를 추구하였다(교육부, 2018: 10-16). '공교육 내실화를 통한 사교육 경감 선순환 체제 구축'을 목표 수준으로 제시하고, 중점 추진 방안으로 '기초학력 지원 내실화' '고교 서열 구조 해소' '방과후활동 강화' '사교육 대응 점검·관리' '사교육을 유발하는 사회·구조적 영향 완화 노력' 등을 제시하였다. 그 주요 내용은 다음과 같다(김정근, 2020: 154-155).

첫째, 공교육 내실화를 통해 '배워서 가는 학교'에서 '배우러 가는 학교'로의 혁신적 변화를 위한 노력이다. 수업문화는 교사 주도형 문화에서 학생 활동 중심, 즉 프로젝트·토의 등으로 개선하고, 평가방식은 '과정중심평가'로 전환해 학생이 학습한 내용을 중심으로 학교 교육활동 내에서 평가하도록 하였다. 또한 고교학점제 도입 기반을 안정적으로 구축해 나갔다.

둘째, 온종일 돌봄체계 구축과 방과후학교 활성화다. 이는 학교와 지역사회가 학교 안팎의 자원을 활용한 온종일 돌봄체계를 구축하여 초등학생 대상의 방과후 돌봄서비스를 확대하였다. 이 일에는 학부모가 필요할 때 손쉽게 돌봄서비스를 신청할 수 있도록 온라인 통합 신청시스템을 구축하는 일, 학년별 특성에 맞는 놀이와 체험 중심의 프로그램 운영 등 돌봄교실 프로그램의 내실화를 도모하는 일, 학생과 학부모의 요구와 사회변화에 적극 대응할 수 있는 수요자 맞춤형 방과후학교 프로그램을 강화하는 일이 포함되었다.

셋째, 대입제도의 단순화 및 공정성 강화다. 이를 위해 학생부 기재항목 축소(2022~2023학년도), 정규 교육과정 이외 비교과활동 대입 반영 폐지(2024학년도), 자기소개서 축소·폐지(2024학년도), 교사추천서 폐지(2022학년도) 계획이 담겨 있었다. 부모 배경이나 사교육 등 학생 역량이 아닌 외부요인이 대입에 미치는 영향을 최소화하기 위해 학생부, 자기소개서 및 교사추천서를 개선하는 것이 포함되며, 사교육 유발 요인 중 하나로 지적받고 있는 논술 및 특기자전형 폐지를 유도하여 학생부 및 수능 위주로 대입전형을 단순화해 나가고자 하였다. 대학의 '학종 평가기준 공개 표준안'을 개발하여 대학별 평가 정보를 손쉽게 확인할 수 있도록 지원하고자 한 것이다.

넷째, 학원비 안정화를 위한 점검과 관리 강화다. 이것은 교습비 초과 징수, 선행학습 유발 광고 등 편·불법 행위에 대한 점검을 강화하고 중대한 위법행위로 적발된 학원·교습소는 명단을 공개할 수 있도록 학원법 개정을 추진하였다. 여기에는 서울 등 대도시 지역의 진학상담·지도 컨설팅 학원에 대한 교습비 분당 조정 기준(상한가)을 마련하고 학원비 인상을 억제하며, EBS 교육방송 콘텐츠를 활용한 개인 맞춤형 서비스를 통해 사설 온라인업체의 강의료 인상 억제 및 인하를 유도해 나가고자 하였다.

다섯째, 사교육 대응 점검·관리 체계 강화다. 이것은 지방교육 자치를 강화하는 차원에서 시·도 교육청의 사교육 대응 책무성을 높이고, 지역 맞춤형 사교육 대응전략을 마련하였다. 또한 여기에는 사교육비 증가 요인으로 지목되고 있는 학벌 중심 사회, 학력 중심 채용문화, 학력에 따른 임금격차 등 사회적 환경의 문제점을 개선하기 위한 재계·노동계 등과 범사회적 협력을 통해 능력 중심 채용문화 확산, 노동시장 임금격차 완화 등을 위해 노력하였다.

지금까지 살펴본 각 정부의 사교육 정책을 요약하여 제시하면, 노무현 정부, 이명박 정부, 박근혜 정부, 문재인 정부는 공교육 정상화를 통한 사교육비 경감대책을 마련했다는 점에서 공통적이며, 그 구체적인 사항은 다음과 같다. 첫째, 학교교육의 내실화 측면에서 학교수업의 질적 제고에 중점을 두었다. 둘째, 사교육 수요 흡수 측면에서 EBS 방송강의, 방과후학교 프로그램을 운영하였다. 셋째, 입시제도의 개선 측면에서는 입시경쟁을 완화하기 위해 노력하였다. 넷째, 학원관리·규제 측면에서는 학원비 인상 억제 정책을 시행하였다.

각 정부의 공교육 정상화를 통한 사교육비 경감대책 간에는 몇 가지 차이점이 존재한다. 첫째, 학교교육의 내실화 측면에서, 노무현 정부는 수준별 수업을 통해, 이명박 정부는 교과교실제와 영어교육 강화를 통해, 박근혜 정부는 영어, 수학 과목의 대응을 통해, 문재인 정부는 기초학력 지원을 통해 학교교육을 내실화하고자 하였다. 둘째, 사교육 수요흡수 측면과 관련하여, 노무현 정부는 수준별 보충수업을 통해, 이명박 정부는 사교육 없는 학교 프로젝트를 통해, 박근혜 정부는 수요자 중심 방과후학교를 통해, 문재인 정부는 지역연계 예체능 방과후 프로그램을 통해 공교육에서 사교육 수요를 흡수하고자 하였다. 셋째, 입시제도의 개선과 관련하여, 노무현 정부는 고교내신제도의 확대를 통해, 이명박 정부는 입학사정관제를 통해, 박근혜 정부는 학생부종합전형의 확대를 통해, 문재인 정부는 학생부종합전형의 공정성 강화를 통해 입시제도를 개선하고자 하였다. 넷째, 학원관리 규제와 관련하여, 노무현 정부는 특별한 정책을 내놓지 않았고, 이명박 정부는 학원 교습시간을 단축하였으며, 박근혜 정부는 유아대상 영어학원비 인하를 유도하였고, 문재인 정부는 진학상담 컨설팅 교습료 기준을 마련하는 정책을 내놓았다.

2. 주요 사교육 경감 정책

제3장 1절에서는 사교육 정책의 변천 과정과 각 정부별 사교육 정책을 살펴보았다. 각 정부마다 나름대로 공교육 정상화를 위한 사교육 경감대책을 추진하였다. 우리나라 주요 사교육 경감 정책의 핵심 내용은 공교육의 정상화를 통한 사교육 경감 정책을 지향하고 있다. 이를 위해 EBS 수능연계 및 방과후학교를 강화하고, 학원 교습기간 및 학원비를 규제하며, 대입전형 개편방안을 마련하였다.

이 절에서는 대표적인 우리나라 사교육 경감 정책을 살펴본다. 그

것은「공교육정상화법」, 방과후학교, EBS 수능연계 정책이다. 그러므로 다음에서는 각 사교육 경감 정책을 차례대로 검토할 것이다.

1) 공교육 정상화 촉진 및 선행교육 규제에 관한 특별법[4)]

(1) 법안의 내용 및 변천과정

「공교육 정상화 촉진 및 선행교육 규제에 관한 특별법」(이하「공교육정상화법」)은 사교육을 유발하는 학교교육의 선행학습을 줄이고 공교육을 정상화한다는 취지에서 2014년 3월 11일에 제정되어 9월 12일에 시행되었다. 이 법은「초·중등교육법」에 따라 공교육을 담당하는 초·중·고등학교의 교육과정이 정상적으로 운영되도록 하기 위해, 그리고 교육관련 기관의 선행교육 및 선행학습을 유발하는 행위를 규제하기 위해 제정되었다.「공교육정상화법」은「교육기본법」에서 정한 "모든 국민은 평생에 걸쳐 학습하고 능력과 적성에 따라 교육받을 권리를 가진다."라는 학습권을 달성하고 학생들의 건강한 심신 발달을 도모하기 위한 것이다.「공교육정상화법」은 '공교육 정상화'와 '선행교육 규제'의 두 가지 측면에서 논의될 수 있다.

첫째,「공교육정상화법」은 학교 내 선행학습의 유발행위를 규제하여 학교교육 내실화 또는 공교육을 정상화하는 데 그 목적이 있다. 이 법은 선행학습 등 과도한 사교육으로 인해 정상적인 학교수업을 방해하거나, 전인교육에 저해가 되는 현상을 방지하고 학부

---

4) 이 법령의 내용은「공교육 정상화 촉진 및 선행교육 규제에 관한 특별법」(2022. 7. 21. 시행; 법률 제18298호, 2021. 7. 20. 타법개정)을 정리·요약한 것이다.

모의 경제적 부담을 줄이기 위해 시행되었다. 이러한 목적을 위해 학교 내 선행학습 유발행위인 사교육 경험을 전제로 한 학교수업, 대입전형의 논술·적성·구술시험 등 교육과정을 벗어난 범위와 수준에서의 시험출제, 그리고 고등학교 교육과정의 내용을 벗어난 시험출제를 제한하고 있다(교육부, 2014a). 공교육 정상화는 학교 교육과정을 정상화하는 것을 뜻하며, 학교교육이 학교 교육과정 편성·운영·평가와 일치하도록 하는 데 중점을 두고 있다.

둘째, 「공교육정상화법」은 선행교육 및 선행 출제·평가를 해소하는 데 그 목적이 있다. 「공교육정상화법」에서 정의하고 있는 '선행교육'은 교육 관련 기관이 주체가 되어, 국가 및 시·도 수준의 교육과정 지침에 따라 편성·운영되는 학교 교육과정보다 앞서서 가르치는 것이고, '선행학습'은 학습자가 국가, 시·도 및 학교 수준의 교육과정에 앞서는 범위와 수준의 내용을 학습하는 것이다. '선행학습 유발행위'는 각종 평가와 시험 등을 통해 선행학습을 조장하는 것을 의미한다. 「공교육정상화법」에서는 학교 교육과정에서의 '선행교육'과 평가에서의 '선행학습 유발행위'를 금지하고 있기 때문에(교육부, 2014a), 이 법은 「공교육정상화법」 혹은 「선행교육규제법」이라고 불린다.

「공교육정상화법」은 제정된 이후, 몇 차례에 걸쳐 수정·보완되었다. 2016년 5월 29일에는 방과후학교 과정을 선행교육 금지 대상에서 제외하고 학생들의 자발적인 신청이 있는 경우에는 방과후학교에서 선행학습이 가능하도록 개정하였다. 또한 대학에 입학전형 영향평가위원회를 두어 대학의 장이 대학별 고사의 선행학습 유발 여부에 대해 입학전형 영향평가위원회의 심의를 거치도록 하고, 법 위반 행위가 명백한 경우에는 그 위반행위자에 대하여 시정·변경 명령 없이 재정 지원을 중단할 수 있도록 하는 등 현행 제도의 운영상 나타난 일부 미비점을 개선·보완하였다. 특히, 대학교뿐만 아니라 초·중·고등학교의 자율성을 침해할 수 있다는 비판을 수용하여 2016년 5월 29일에 「공교육정상화법」 제3조의 2를 "이 법을 해석·적용할 때에는 학교 및 교원의 교육과정 운영에 관한 자율성이 부당하게 침해되지 아니하도록 주의하여야 한다."라고 개정하였다.

2016년 12월 20일에는, 현행법이 선행교육 금지 지도·감독에 대해 국가와 지방자치단체 및 학교장, 학부모의 책무만 명시하고 있을 뿐, 실제 현장에서 학생들을 가르치는 교원에 대한 책무는 규정하지 않고 있어 그것을 일부 개정하였다. 제5조의 2를 "교원은 학생의 학습권 보호를 위하여 학생의 선행학습을 전제로 수업을 하여서는 아니 된다."로 개정하였다.

2019년 3월 26일에는 초등학교 1, 2학년의 영어 방과후학교 과정 및 농산어촌 지역 방과후학교 과정 등 종전의 법 제8조 제2항에 대한 교육현장의 수요를 반영하여 이미 일몰된 초등학교 1, 2학년의 영어 방과후학교 과정을 영구히 보장하기 위해 그 항목의 내용을 일부 개정하였다. 2019년 2월 28일에 일몰된 종전의 법 제8조 제2항에 따른 방과후학교 과정을 허용하는 조항의 일몰 기한을 2025년 2월 28일로 연장하였다. 앞에서 기술한 「공교육정상화법」의 개정 과정을 제시하면 〈표 3-6〉과 같다.

〈표 3-6〉 「공교육정상화법」 개정 과정

연도	주요 내용
2014. 9. 12. 시행 (2014. 3. 11. 제정)	– 사교육을 통한 선행학습이 교사들의 정상적인 수업을 방해하는 폐단을 해소 – 선행학습이 조장되는 현상을 규제 – 선행교육 및 선행학습 유발행위를 금지하여 학교교육을 정상화하겠다는 취지
2016. 5. 29. 일부개정	– 방과후학교를 선행교육 금지 대상에서 제외 – 대학 입시의 논술·적성·구술시험에서 선행학습 유발에 관한 영향평가 실시 및 법 위반 행위 시 규제
2016. 12. 20. 일부개정	– 학생의 선행학습을 전제로 수업해서는 안 되며 기초부터 충실히 지도하여야 한다는 교원의 책무 명시
2019. 3. 26. 일부개정	– 2019년 2월 28일에 일몰된 종전의 법 제8조 제2항에 따른 방과후학교 과정을 허용하는 조항을 다시 규정하여 일몰 기한을 2025년 2월 28일로 연장
2020. 10. 20. 타법개정	– 코로나19의 유행으로 원격수업이 일상화되었음에도 법률상 근거가 미비 – 학교의 장은 교육상 필요한 경우에는 방송·정보통신매체 등을 활용한 원격수업이나 현장실습 운영 등 학교 밖에서 이루어지는 활동을 하고 수업의 종류를 규정할 수 있도록 「초·중등 교육법」이 일부 개정됨에 따라 「공교육정상화법」을 재개정
2022. 7. 21. 타법개정	– 교육 정책이 사회적 합의에 기반하여 안정적이고 일관되게 추진할 수 있도록 '국가교육위원회' 설치 – 제2조 제2호 가목 중 '교육부 장관이'를 '국가교육위원회가'로 재개정

(2) 「공교육정상화법」에 따른 사교육 경감 효과

「공교육정상화법」이 시행되기 전부터 각종 평가나 시험은 선행학습을 조장하지 않은 채 학교 교육과정에 기반하여 교육을 운영하고 평가해야 한다는 주장이 제기되어 왔다. '사교육걱정없는세상'에서 한국사회여론연구소를 통해 실시한 선행교육 금지법 관련

국민 인식조사(2012)에 따르면, 학원의 선행학습을 수강하는 이유
는 '학교 진도를 벗어난 어려운 입시문제 출제'가 33.9%로 응답률
이 가장 높았으며, 그다음으로는 '선행학습 부추기는 사설학원 홍
보·선전'(27.6%), '중간·기말고사에서 진도 외 어려운 문제 출제'
(14.0%), '학교에서 수업진도를 빨리 진행'(12.1%), '모름·무응답'
(12.4%) 순이었다. 즉, 학교 교육과정을 벗어난 시험문제 출제가
학교 선행학습의 주요한 원인이기 때문에 「공교육정상화법」은 이
문제를 대처하기 위한 것으로 볼 수 있다(유재봉 외, 2017).

　학교에서 선행학습 유발행위를 금지하는 「공교육정상화법」이 시
행된 후에는 일시적으로 사교육 경감 효과가 있었으나, 그 효과의
지속성에 대해서는 다양한 견해가 존재한다. 이승미, 안태연, 김선
희(2017)는 「공교육정상화법」의 긍정적·부정적 효과가 무엇인지
분석하기 위해 2014년부터 2016년(「공교육정상화법」이 교육현장에 적
용된 지 3년이 된 시점)까지 초등·중학교의 교장/교감, 교사, 업무
담당 장학사를 대상으로 설문조사를 실시하였다. 그 결과에 따르
면 「공교육정상화법」은 학교 교육과정 정상화의 중요성 인식, 학
교 교육과정 편성·운영·평가의 자율성과 책무성 강화, 교과교육
에서 교과서에 비하여 간과되고 있었던 교과 교육과정의 중요성을
환기시키는 등 긍정적인 효과가 있는 것으로 나타났다. 「공교육정
상화법」이 학교교과 교육과정 편성·운영·평가의 자율성을 침해
한다는 기존의 선행연구 결과와는 달리, 이 연구에서는 학교 자율
성에 대한 부정적인 영향력이 높지 않은 것으로 나타났다. 그러나
사교육 감소 효과에 대해서는 부정적이어서 따라서 「공교육정상

화법」이 사교육 경감에 크게 도움이 되지 않는 것으로 인식하고 있었다. 따라서 「공교육정상화법」은 학교를 규제하기보다는 현장 지원체제 구축에 초점을 두고 학교 교육과정을 정상화하는 것이 필요하다.

한편, 정양순과 이예슬(2021)은 공교육 정상화 정책의 패러독스 현상을 교사와 학부모의 인식을 중심으로 분석하였으며, 그 주요 결과는 다음과 같다. 첫째, 「공교육정상화법」은 학교 교육과정의 정상화에는 기여하였지만, 학교교육을 '왜소화'시키는 역설적인 현상이 나타났다. 「공교육정상화법」은 학교에서의 선행학습을 금지하면서 방과후학교를 축소시켰으며, 그것이 소외계층의 교육기회를 감소시켜 교육격차 및 불평등을 심화시키는 결과를 초래하였다. 둘째, 교사의 교육과정 운영과 관련된 자율성과 전문성 발휘를 제한하며, 교사의 권한 확대와 학생중심의 개별교육 강화라는 미래교육의 방향성과도 상충되는 현상이 나타났다. 셋째, 「공교육정상화법」을 통한 잦은 대학입시제도 개편은 오히려 학생과 학부모에게 불안감을 초래해 사교육을 유발하였다. 공교육 정상화를 목표로 한 공교육 강화 정책을 추진하면 할수록, 역설적이게도 사교육이 축소되기는커녕 이에 편승하여 사교육이 활성화되었다. 예컨대 정부가 공교육에서의 영어를 강조할수록 학생(학부모)은 영어교육이 중요하다는 신호로 받아들여 영어 사교육이 증가할 뿐만 아니라 영어 조기교육의 연령이 낮아지는 문제가 발생하였다. 특히 「공교육정상화법」은 학교의 선행교육만 금지하고, 사교육기관의 선행교육은 가능하게 함으로써 초등학생이 사교육기관에서 선행학습을 하고, 심지어 고등학교 수학을 선행하는 비정상적인 활동을 감소시키지 못하였다.

이렇듯 「공교육정상화법」이 단기적으로는 사교육을 감소시키는 효과가 있었으나, 그 효과가 지속되지는 못하였다. 오히려 공교육 기관에서의 선행교육 금지는 교육열이 강한 학부모나 학생으로 하여금 그것이 가능한 사교육에 의존하게 만드는 결과를 초래하기도 하였다. 앞에서 보았듯이 「공교육정상화법」은 몇 가지 부정적인 견해가 있음에도 불구하고, 학교 교육과정을 운영·편성·평가할 수 있는 기반으로 작용하며 선행교육과 선행학습의 유발행위를 줄일 수 있는 근거가 되었다. 또한 고교 및 대학 입학전형에서 선행출제 및 평가 금지 위반행위에 대한 영향평가 이루어지면서 학교 교육과정의 내실을 갖출 수 있게 되었다. 이 점에서 「공교육정상화법」은 사교육을 경감시키는 정책의 일환으로써 의미가 있는 법안으로 볼 수 있다.

(3) 「공교육정상화법」에 대한 평가

「공교육정상화법」이 제 기능을 수행하기 위해서는 총체적인 관점에서 계획되고 준비되어야 하며, 이를 위해 다음의 몇 가지 노력이 요구된다.

첫째, 사교육 경감은 그 자체가 교육의 목적이라기보다는 교육의 목표를 달성하기 위한 방안의 일부로 보아야 한다. 이를 위해서는 「공교육정상화법」의 취지인 공교육을 정상화함으로써 사교육이 자연스레 경감될 수 있는 방안을 모색해야 한다. 우선적으로 공

2. 주요 사교육 경감 정책   131

교육을 정상화한다는 것이 무엇인지에 대한 사회적 합의가 필요하며, 학교와 교원의 자율성을 존중하면서 국가 교육과정에 충실한 운영·편성·평가가 될 수 있도록 지원체계를 구축해야 한다.

둘째, 사교육 경감 정책 효과성을 점검하고 환류할 수 있는 시스템이 필요하다. 사교육비 경감 정책의 효과와 관련한 선행연구들에 따르면, 사교육 경감 정책이 사교육을 경감하기보다는 거의 효과가 없거나 오히려 사교육이 증가하는 역효과를 초래하는 경우가 있었다. 그러므로 사교육 수요를 없애기보다는 그 수요를 공교육에서 수용할 수 있는 환경을 만들어 사교육 지출을 경감하는 방향으로의 정책을 도모할 필요가 있다.

셋째, 실효성 있는 「공교육정상화법」을 위해서는 공교육에 대한 면밀한 모니터링이 필요하며, 공교육의 질을 높일 수 있는 교원양성제도의 개편이 필요하다. 코로나19로 인해 시작된 원격수업은 준비가 되지 않은 채 실시되었다는 상황맥락적 특성도 있지만, 공교육의 상황을 학부모들이 모니터링하게 되는 기회를 제공하였다는 특성이 있다. 학부모가 사교육기관과 동시에 진행되는 원격수업을 통해 공교육의 수업을 비교하게 되면서, 학교교육의 질적 제고를 해야 한다는 비판적 여론이 형성되었다. 교육부는 2021년 12월에 '초·중등 교원양성체제 발전방안'을 발표하여 미래교육 환경이 포스트 코로나로 인한 기술발전과 더불어 다원화된 가치체계로 변화됨에 따라 맞춤형 교육의 필요성에 부응하기 위한 교원양성체제를 개편하였다. 앞으로는 빠르게 변화하는 시대에 공교육을 담당하는 교원을 배출하고 재교육하는 대학에서 시대의 변화에 적응 가능한 교육을 운영할 필요가 있으며, 정부에서는 이를 지원하고 관리·감독할 필요가 있다(유재봉, 강문숙 외, 2021).

넷째, 「공교육정상화법」에 공교육뿐만 아니라 사교육도 포함시켜 모든 교육기관이 공동의 책무를 갖도록 해야 한다. 「공교육정상화법」의 문제는 선행교육 규제 대상이 공교육기관에만 한정되어 있어 공교육에만 규제가 강화되고 있다는 점이다. 「공교육정상화법」은 사교육 시장의 기본권을 침해하지 않는 선에서 선행학습을 조장하는 광고를 금지하는 수준에 머물고 있다. 사교육 시장의 기본권은 아동과 청소년 인격의 자유로운 발언권, 자녀를 가르치고자 하는 부모의 교육권, 과외교습을 하고자 하는 개인의 직업선택의 자유 및 행복추구권이다. 이러한 사교육 시장의 기본권이 광범위하게 적용되어 선행학습을 조장하고 있는 상태에서 「공교육정상화법」을 실현하는 것은 쉬운 일이 아니다. 「공교육정상화법」을 실현시키는 일에 공교육과 더불어 사교육기관 또한 공동의 책무를 가지고 각 학년에 맞는 학교 교육내용을 가르칠 때, 그 법은 소기의 성과를 거둘 수 있을 것이다.

2) 방과후학교

(1) 방과후학교 및 초등돌봄교실 관련 정책의 변화

① 방과후학교 관련 정책 내용 및 변화

방과후학교는 '학생과 학부모의 요구와 선택을 반영하여 수익자 부담 또는 재정 지원으로 이루어지는 정규수업 이외의 교육 및 돌봄 활동으로, 학교 계획에 따라 일정한 기간 동안 지속적으로 운영하는 학교 교육활동'을 일컫는다(교육부, 2020). 〈표 3-7〉에서 볼 수 있듯이, 방과후학교의 시작은 1995년 5월 31일 '교육개혁안'에서 방과후 교육활동 도입의 필요성이 제기된 후, 1996년부터 방과후 교육활동으로 특기·적성교육 등이 시작되었다. 그 이후 '방과후교실'은 2004년 2월 17일에 발표한 '공교육 정상화를 통한 사교육비 경감대책'의 10대 추진과제 중 하나에 포함되었다. 방과후학교의 역할은 EBS 수능방송·인터넷 강의 확대, 사이버 가정학습 지원체계 구축 등을 통해 수능과외를 대체하는 것과, 초등학교 저학년에 방과후교실을 설치하여 탁아 수요를 흡수하는 것이다.

〈표 3-7〉 방과후학교의 정책 변화 추이(1995~2004)

연도	주요 정책	주요 내용	용어
1995	1995. 5. 31. '교육개혁안'	- 인성 및 창의성 함양, 개인의 다양성 중시 - 방과후 학생의 흥미, 취미 및 학교 실정과 지역 특성에 알맞은 '방과후 교육활동' 운영	방과후 교육활동
1996	1996. 2. '방과후활동 활성화 방안'	- 개인의 소질·적성·취미·특기 신장, 사교육비 절감 - 의무적 보충수업 폐지 - 특기·적성 계발활동과 보충·자율학습을 포함한 개념으로서의 방과후 교육활동	
1997	1997. 6. 2. '과외 대책을 통한 사교육비 경감방안'	- 유아 및 저학년 아동을 대상으로 한 방과후 탁아 기능 포함 - 교내 '방과후 아카데미'의 설치 및 운영 - 시·군·구 교육청 '예체능 아카데미'의 설립 및 운영	

〈계속〉

1999	1999. 2. 10. '특기 · 적성 교육활동 운영 계획'	– 교과교육에서 탈피하여 소질 · 적성 계발 및 특기 신장을 위한 프로그램 운영(고등학교 2, 3학년 보충수업에는 지원 없음) – '특기 · 적성 교육활동'과 연계한 동아리 중심의 학생문화 조성 – 보충 · 자율학습 단계적 폐지	특기 · 적성 교육 활동
2004	2004. 2. 17. '공교육 정상화를 위한 사교육비 경감대책'	– EBS 수능방송 · 인터넷 강의 확대, 사이버 가정학습 지원체제 구축 – 수준별 보충학습 실시 재개 – 초등학교 저학년 '방과후교실' 설치 · 운영, 취약계층 무상지원	방과후 교실

방과후학교는 2005년에 초 · 중 · 고 48개교에서 시범 도입되었으며, 2006년 2월에 '방과후학교 운영계획'을 발표하면서 본격적으로 시작되었다. 교육부는 기존의 특기 · 적성교육, 방과후학교(초등), 수준별 보충학습(고교) 등의 다양한 명칭으로 운영되던 교육 프로그램을 통합하여 '방과후학교'라는 용어로 통일하였다(교육인적자원부, 2006).

2007년에 발표한 '방과후학교 운영 기본계획'에 따라 교육부는 17개 시 · 도 교육청 및 유관기관과의 협력체계 구축 및 현장 지원을 할 수 있는 방과후학교중앙지원센터를 설치하였으며, 교육청 단위의 방과후학교 전담부서(팀)를 구성하고 예산 편성을 확대하여 자유수강권 제도 및 온라인 관리 시스템을 구축하였다. 2009년 '공교육 경쟁력 향상을 통한 사교육비 경감대책'에서는 학부모를 '방과후학교 코디네이터'로 활용하는 계획을 발표하였으며, 엄마품 멘토링제와 대학생 멘토링제를 활성화하였다. 또한 교내 유휴건물을 '방과후학교 문화예술교실'로 전환하고 초등학교 내에서 '종일 돌봄교실'을 운영하기 시작하였다. 2011년 발표한 '공교육 강화-사교육 경감 선순환 방안'에서 방과후학교의 내실화를 위해 우수강사 추천제 도입 및 우수강사 풀(pool)을 재정비하였다. 또한, 모든 학교가 민간기관의 우수 프로그램을 도입할 수 있도록 시·도 교육청의 규제를 폐지하였다. 2013년에는 '국정과제 실천과제'로 초등 온종일 돌봄기능을 강화하기 위한 사회적 기업 및 협동조합을 육성하고자 하였다. 2016년에는 '방과후학교 활성화 방안'으로 돌봄기능을 포함한 통합형 초등 방과후학교를 운영하고, 방과후학교 지원센터 및 나이스 시스템을 구축하여 방과후학교와 돌봄학교를 통합해 정보화 시스템을 구축하였다. 방과후학교라는 용어로 통일된 2005년부터 2016년까지의 주요 정책 변화의 추이는 〈표 3-8〉과 같다.

〈표 3-8〉 방과후학교의 정책 변화 추이(2005~2016)

연도	주요 정책	주요 내용	용어
2005	-	- 방과후학교 시범 도입(초·중·고 48개교 연구학교 운영)	방과후학교
2006	2006. 2. '방과후학교 운영 계획'	- 기존에 특기·적성교육, 방과후교실(초등), 수준별 보충학습(고교) 등으로 사용된 각각의 명칭과 프로그램을 '방과후학교'라는 용어로 통합하여 추진 - 교육인적자원부 방과후학교 전담부서(팀) 설치 및 방과후학교 예산 편성 확대	
2007	2007. 2. '방과후학교 운영 기본 계획'	- 방과후학교지원센터 설치 및 방과후활동 연계 시범사업 추진 - 교육청 단위 방과후학교 전담부서(팀) 구성 및 방과후학교 지원 예산 편성 확대	

〈계속〉

2008	2008. 4. 15. '학교 자율화 추진계획'	- 교육청이 수립한 시·도별 운영계획 범위 내에서 단위학교 중심의 방과후학교 운영 자율화	방과후 학교
2009	2009. 6. 3. '공교육 경쟁력 향상을 통한 사교육비 경감 대책'	- 학부모를 '방과후학교 코디네이터'로 활용 - '엄마품 멘토링제' 도입, '대학생 멘토링제' 활성화 제고 및 우수 군장병 강사의 활용 확대 - 교내 유휴건물을 '방과후학교 문화예술교실'로 전환하여 운영	
2011	2011. 5. 19. '공교육 강화- 사교육 경감 선순환 방안'	- '방과후 영어교육 지원센터' 사이트 구축 - 우수강사 추천제 도입 및 교육청 단위의 우수강사 풀(pool) 재정비, 현직 방과후학교 외부강사에 대한 교육 실시 - 방과후학교 사회적기업 발굴·육성 등 민간자원 활용 강화	
	2011. 7. 29. '방과후학교 내실화 방안'	- 취약계층 지원 확대 및 돌봄기능 강화 - 방과후학교 행정전담인력 배치를 통한 교원의 업무부담 완화 - 주5일 수업제 대비 토요 돌봄 및 방과후학교 확대 운영	
2012	2012. 3. 2. '주5일 수업제 대비 토요 프로그램 운영 활성화 방안'	- 토요 돌봄교실 및 토요 방과후학교 확대 - 토요 스포츠데이 운영 및 토요 문화예술동아리 확대 - 교육복지우선지원사업 지원 확대	
2016	2016. 5. 3. '방과후학교 활성화 방안'	- 돌봄기능 포함 통합형 초등 방과후학교 운영 - 예술·체육 방과후학교 프로그램 운영 지원 활성화 - 방과후학교지원센터 및 나이스 시스템 구축	

방과후학교를 사교육 경감 정책과 연결하기 시작한 것은 2014년에 발표된 '사교육 경감 및 공교육 정상화 대책'(2014. 12. 18.)에서부터다. 이 대책 방안에는 '수준 높은 돌봄서비스 제공'과 '방과후학교 참여율 및 만족도 제고'를 9대 중점 과제에 포함시켜 방과후학교 프

로그램 정책을 운영하였다. 초등학교 저학년은 오후돌봄을 실시하였으며, 맞벌이·저소득층·한부모가정 학생들에게는 저녁돌봄을 제공하여 돌봄 사각지대를 해소하고자 하였다(한국교육개발원, 2015).

2014년에 제정된「공교육정상화법」에서는 방과후학교도 선행교육의 규제 대상이 되었다. 이를 보완하기 위해,「공교육정상화법」의 일부 개정법률(안) 입법예고(2015. 3. 18.)에서 복습 및 심화, 예습과정 등의 다양한 방과후학교 과정 개설을 허용하여 교육 수요를 반영한 방과후학교 자율 운영을 추진하였다. 2016년 5월 29일에는「공교육정상화법」을 일부 개정하면서 방과후학교 과정을 선행교육 금지 대상에서 제외하고, 학생의 자발적인 신청이 있는 경우 혹은 지방소재 학교 및 저소득층 학생의 학습기회를 제공하기 위한 경우에만 방과후학교를 통한 선행학습이 가능하도록 하였다. 2019년의「공교육정상화법」의 일부 개정법률(안)에서는 농산어촌과 도시 저소득층 밀집지역에 소재한 중·고등학교의 등교일 및 고등학교의 휴업일에 한하여 2025년 2월 28일까지 방과후학교를 통한 선행교육을 허용하였다.

교육부에서는 방과후학교를 통한 선행교육 허용과 더불어 2016년부터 수요자 중심의 맞춤형 방과후학교 프로그램 정책을 운영·지원하고 있다. 2016년에는「초·중등교육법」일부를 개정하는 안(제2015-74호)을 발의하여 방과후학교가 지속적이고 안정적으로 운영될 수 있도록 법적 근거를 마련하고, 방과후학교 운영에 필요한 행·재정적 지원체계를 구축하여 운영 근거를 규정하였다. 방과후학교와 관련된 법률 및 주요 내용을 요약하여 제시하면

〈표 3-9〉와 같다.

〈표 3-9〉 법률 관련 방과후학교의 정책 변화 추이(2015~2019)

연도	주요 정책	주요 내용
2014	2014. 12. 18. '사교육 경감 및 공교육 정상화 대책'	- 초등 방과후 돌봄기능 강화 및 지역 돌봄기관 간 연계 운영 - 방과후학교 참여율이 저조한 지역에 활성화 방안 마련 - 수요자 중심의 방과후학교 운영 체제를 확립
2015	2015. 3. 18. '공교육정상화법 일부개정법률(안)' 입법예고	- 방과후학교 운영의 어려움, 사교육 증가 가능성 등 「공교육정상화법」 시행(2014. 9. 12.) 이후 나타난 학교 현장의 어려움을 해소하고, 법의 실효성을 높이기 위해 일부 개정 - 복습 · 심화 · 예습과정 등 방과후학교 과정 개설 허용
2016	2016. 5. 29. 「공교육 정상화 촉진 및 선행교육 규제에 관한 특별법」일부 개정 및 공포 · 시행	- 방과후학교 과정이 아래에 해당하는 경우 선행교육 가능, 일부 중 · 고등학교는 학기 중에도 허용 • 고등학교에서 휴업일(방학) 중 운영되는 경우 • 중학교 및 고등학교 중 농산어촌 지역 학교 및 대통령령으로 정하는 절차 및 방법 등에 따라 지정하는 도시 저소득층 밀집 학교 등에서 운영되는 경우 ※ 다만, 2019년 2월 28일까지 한시적 운영
	2016. 11. 8. 「초 · 중등교육법」 일부개정법률(안) 국무회의 의결	- 방과후학교가 지속적이고 안정적으로 운영될 수 있도록 법적 근거를 마련하고, 방과후학교 운영에 필요한 행 · 재정적 지원 체계를 구축하기 위해 추진
2019	2019. 3. 13. 「공교육정상화 촉진 및 선행교육 규제에 관한 특별법」 일부개정법률 국무회의 의결	- 농산어촌과 도시 저소득층 밀집지역에 소재한 중 · 고교 및 고교의 휴업일에 한하여 2025년 2월 28일까지 방과후학교를 통한 선행교육 허용

　코로나19 상황에서 학원 등원이 불가능하게 되고 방과후학교 또한 축소 운영되면서 공교육의 사교육 대체 기능이 약화되었다. 2020년 비대면 수업의 증가는 방과후학교를 축소시키고, 사교육에 비용을 더 투입하게 되면서 사교육을 통한 교육격차 가능성이 확대되었다. 그리고 사교육에 참여하게 된 많은 학생이 방과후학교에 돌아오지 못하게 되면서 코로나19 이후 방과후학교의 사교육 대체 기능이 약화되었다(김성식, 2022).

　방과후학교 프로그램 운영에 있어서 운영 프로그램 수는 매년 '2016년: 453,391개→2017년: 420,975개→2018년: 364,099개→2019년: 336,387개→2020년: 158,724개'로 계속 감소하고 있는 추세다. 방과후학교 전체 참여율 또한 2016년 이후 '2016년: 62.1%→2017년: 58.9%→2018년: 52.6%→2019년: 48.6%→2020년: 19.8%'로 계속 줄어들고 있는 추세다. 특히 2020년은 코로나19로 인해 방과후학교 프로그램 운영 수와 전체 참여율이 급감하였다. 2015년 「공교육정상화법」 시행 이후 중·고등학교에서 교과 방과후학교 프로그램에 참여하는 학생 수가 크게 줄어들고 있으나, 각 학교급에서는 여전히 교과연계, 예체능, 창의활동 등 다양한 방과후학교 프로그램을 운영하고 있다. 방과후학교에 대한 학생과 학부모의 만족도는 〈표 3-10〉에 나타나 있듯이, 비교적 높은 것으로 보인다.

〈표 3-10〉 방과후학교에 대한 학생 및 학부모 만족도

(단위: 년, %)

연도	학생				학부모			
	초	중	고	계	초	중	고	계
2021	86.0	85.0	79.2	84.4	84.3	84.9	80.4	83.8
2020	86.5	84.8	80.9	84.7	85.0	84.7	81.8	84.3
2019	86.4	83.8	77.1	84.0	83.0	83.8	78.3	82.4
2018	87.2	82.2	71.9	82.9	83.3	82.3	73.6	81.5
2017	87.4	81.1	70.2	82.2	83.7	81.7	72.3	80.7
2016	89.7	84.3	73.9	84.8	86.8	84.7	75.4	83.6

출처: 교육부(2022b) 2021년 방과후학교 운영현황 참고.

　시·도 교육청에서는 사교육 경감 추진계획을 매년 발표하고 있으며, 2021년에는 코로나19 상황에서 축소되었던 방과후학교를 다각적인 방법으로 활성화하려는 방안을 제시하였다. 서울의 경우, '사교육 수요완화'를 위한 목적으로 방과후 돌봄서비스, 컨설팅단과 모니터링 운영 등을 통해 방과후학교의 활성화를 지원하였다. 부산의 경우, '방과후 및 돌봄확대'를 추진과제로 설정하여 코로나19 상황에서도 방과후학교 참여가 가능할 수 있도록 원격 블렌디드 교육 등 비대면으로 방과후학교를 정상 운영하는 방안을 제시하였으며, 통합 방과후학교와 지역연계 방과후학교를 지원하였다. 부산광역시와 마찬가지로, 인천광역시의 경우에도 지역사회와 연계할 수 있는 '마을 방과후학교 프로그램'을 운영하여 수요자 맞춤형 방과후학교를 지원하였다. 광주광역시는 저소득층 학생이 방과후학교 프로그램을 수강하는 경우 1인당 연간 60만 원,

고등학교는 72만 원까지 사용할 수 있는 '자유수강권'을 지원하였으며, 또한 다양한 수요를 반영한 소인수 프로그램(5~10명) 및 교과 맞춤형 프로그램을 개설하여 운영하였다.

　이렇듯 시·도 교육청에서는 코로나19 상황에서 방과후학교 미운영으로 인한 보육 목적의 사교육 증가와 학원비 인상 등을 완화하기 위해 2021년부터 방과후학교 정상화를 통한 사교육 경감방안을 발표하였다. 이를 위해 시·도 교육청에서는 수요자 맞춤형 방과후학교 다양화, 컨설팅 및 모니터링을 통한 질적 제고, 지역연계 방과후학교, 자유수강권 지원 등을 통해 사교육비를 절감시키는 대책방안을 제시하였다.

　2021년 초·중·고 사교육비 조사 결과를 발표하면서, 교육부에서는 그 대응방안으로 방과후학교가 코로나19 이전의 기능을 온전히 회복할 수 있도록 적극적인 지원을 하겠다고 발표하였다. 방과후학교는 사교육비를 줄이기 위한 것뿐만 아니라 학생들의 학습결손을 방지함으로써 공교육이 제 기능을 할 수 있도록 하는 데 그 목적이 있다. 방과후학교가 사교육을 완전히 대체하기는 어려우나 사교육비를 경감시키는 데 영향을 미치고 있다. 만일 방과후학교에서 양질의 수업이 운영되고, 학생의 수준에 따라 심화학습과 맞춤형 학습을 하게 되면 사교육비 경감 효과는 물론이고 공교육을 내실화하는 데도 기여할 수 있을 것이다.

② 초등돌봄교실 정책의 변화

　초등돌봄교실은 맞벌이 및 저소득층 가정의 학생들을 위해 방과후에 학교에서 학생들을 돌봐 주는 제도다. 초등돌봄교실은 민간 또는 각종 기관에서 부분적으로 시행되어 오던 방과후 아동지도를 발전시켜 2004년을 기점으로 교육의 양극화를 해소하고, 사교육비를 경감하며 저출산으로 인한 학생 수 감소로 발생한 유휴공간을 활용할 목적으로 운영되었다. 〈표 3-11〉에서 볼 수 있듯이, 초등돌봄교실은 2006년에 방과후학교 안으로 통합되고 2010년부터 '초등돌봄교실'이라는 용어로 통일하여 운영되고 있다(김창희, 양윤이, 2017: 70).

〈표 3-11〉 초등돌봄교실 관련 정책 변화 추이(2004~2010)

연도	주요 정책	주요 내용
2004	초등학교 저학년 '방과후교실' 도입	- 초등 저학년 '방과후교실' 도입 정책 발표 및 시범운영 (28개교) • 학기 중 12:00~19:00, 방학 중 08:00~19:00 운영
2009	'종일돌봄교실' 운영	- '종일돌봄교실'(초등보육교실을 야간까지 운영) 시범 운영(300개교)
2010	'초등돌봄교실' 명칭 변경	- 초등보육교실을 '초등돌봄교실'로 명칭 변경 및 확대 (6,200실)

오늘날 사회는 핵가족화가 심화되고 여성 경제활동 인구가 증가하는 등 양육환경이 변화되고 있다. 이에 따라 돌봄에 대한 사회적 요구도 점차 증가하고 있으며, 정부도 초등돌봄교실을 확대하고 있다. 초등돌봄교실은 초·중등 교육과정 고시 2009-41호에 의해 실시되고 있다. 초등돌봄교실은 초등학교에서 직접 서비스를 제공하기에 학부모가 가장 신뢰하고 선호하는 돌봄서비스다(윤향미, 2007).

초등돌봄교실이 활성화되기 시작한 것은 2010년 초등보육교실이 초등돌봄교실로 명칭이 변경되면서부터이며, 주5일 수업제가 도입되면서 토요 돌봄교실도 운영되고 있다(송영민, 김봉모, 김선혜, 지준호, 2012). 초등돌봄교실은 여성의 사회진출이 확대되고, 맞벌이 가정이 증가함에 따라 자녀를 안심하고 양육할 수 있는 여건을 충족시키기 위해 마련되었다. 초등돌봄교실은 방과후 돌봄서비스 확대를 통해 지속적으로 증가하는 돌봄 수요를 충족시키고, 안전한 양질의 서비스를 제공하기 위한 제도다(심정미, 채현탁, 2015).

초등돌봄교실은 학생들을 보호·지도한다는 원래의 취지와 함께 빈부격차로 인한 교육기회의 불평등을 감소시킨다는 점에서 그 의의가 있다. 〈표 3-12〉에서 볼 수 있듯이, 2011년에는 '엄마품 온종일 돌봄교실 운영 공모 계획'을 발표하여 50개 내외 시군구 내의 1,000개 내외 학교 및 유치원을 대상으로 시범사업에 총 500억 원을 지원하였다. 2013년에는 '초등 방과후 돌봄 강화 모델학교' 78개교를 시범운영하는 등 초등돌봄교실의 내실화를 꾀하였으며, 2014년에는 '초등돌봄교실' 내실화를 발표하여 초등학교 저학년을 중심으로 돌봄교실을 확대하기 시작하였다.

〈표 3-12〉 초등돌봄교실 관련 정책 변화 추이(2011~2014)

연도	주요 정책	주요 내용
2011	'엄마품 온종일 돌봄교실' 시범 운영	– '엄마품 온종일 돌봄교실' 시범운영(~2013년) • 아침돌봄(06:30~09:00), 오후돌봄(방과후~17:00), 저녁 돌봄(17:00~22:00) 운영

〈계속〉

2013	'초등 방과후 돌봄 강화 모델학교' 시범운영	– 초등 방과후 돌봄 강화 모델학교 시범운영(78개교) – 방과후 돌봄서비스 범정부 통합지원 시범운영(6개 지역) • 서울 노원구, 부산 서구, 울산 울주군, 경기 성남시, 전북 진안군, 전남 나주시
2014	'초등돌봄교실' 내실화	– 초등학교 1~2학년 희망학생 대상 돌봄교실 운영(10,966실) – 초등돌봄 연구학교 운영(~2015년, 17개교)

2015년부터는 매년 '초등돌봄교실 운영방안'을 수립하여 발표하고 있다. 정부는 수요조사를 통해 방과후 돌봄서비스를 지속적으로 확대하는 방안을 제시하였으며, 2016년도 이후에는 초등학교 전 학년을 대상으로 초등돌봄교실을 운영하고 있다. 돌봄교실 확대로 인한 성과는 방과후에 자녀를 돌볼 수 없는 학부모들이 안심하고 양육할 수 있는 여건을 마련하여 공교육에 대한 만족도와 신뢰도가 향상되는 계기가 되었다는 점이다(교육부, 한국교육개발원, 2014). 초등돌봄교실은 저소득층 및 맞벌이 부부의 자녀를 대상으로 하여 온종일 학습·과제 지도, 특기·적성교육 등 돌봄과 교육을 함께하는 방과후 프로그램으로 제공되었다.

2020년의 코로나19 상황에서는 돌봄전담사의 파업으로 돌봄운영 관련, 시·도 교육청 및 직능 단체 간의 의견이 상충되어 운영의 어려움이 발생하였다. 따라서 정부는 현장의 실태를 고려한 초등돌봄교실 운영 개선 방안을 마련하였다. 개선된 초등돌봄교실은 돌봄 수요자의 의견을 반영하여 돌봄 운영시간을 오후 7시로 확대하였으며, 과중된 교원의 업무부담을 줄이기 위해 행정지원체계를 운영하였다. 또한 방과후학교 수강과 연계한 다양한 돌봄교실 운영을 3~6학년 대상으로 확대하였다(교육부, 2021b). 2015년

부터 발표한 '초등돌봄교실' 운영방안에 관한 정책의 주요 내용을
요약하면 〈표 3-13〉과 같다.

〈표 3-13〉 초등돌봄교실 운영방안에 관한 정책 변화 추이(2015~2021)

연도	주요 정책	주요 내용
2015	'초등돌봄교실' 운영방안 모색	– 돌봄이 필요한 맞벌이 · 저소득층 · 한부모가정 학생을 대상으로 만족도 높은 돌봄교실 운영 • 1~2학년 중심의 돌봄교실 운영, 3학년 이상 방과후학교 연계형 돌봄교실 운영 – 방과후 연계형 돌봄교실 운영 – 돌봄전담사 원격연수자료 개발 및 활용 – 2016년 초등돌봄교실 운영 방안 모색을 위한 정책토론회(10월)
2016	'2016 초등돌봄교실 운영방안' 수립	– 학년 특성을 반영한 돌봄교실 운영으로 전 학년 돌봄 완성(3월) – 저학년 학생을 위한 돌봄교실 놀이 프로그램 표준 모델 개발 · 보급(9월)
2017	'2017 초등돌봄교실 운영계획' 수립	– 초등돌봄교실 돌봄전담사 우수사례 발굴 및 보급(2월) – 문재인 정부 국정과제로 '온종일 돌봄체계 구축' 확정(7월) • 온종일 돌봄교실을 초등학교 전 학년으로 점차 확대하고 내실화 방안 병행 추진
2018	'온종일 돌봄정책' 발표	– 초등돌봄교실을 2022년까지 총 3,500실 확대
2020	'2020년 신학기 초등 돌봄교실 운영방안' 수립	– 2020년 신학기 초등돌봄교실 운영방안 수립(1월) – 코로나19 관련 긴급돌봄 운영
2021	'2021년 신학기 초등 돌봄교실 운영방안' 수립	– 2021년 신학기 초등돌봄교실 운영방안 수립(1월) – 초등돌봄교실 운영 개선방안 발표(8월)

(2) 방과후학교와 초등돌봄교실의 사교육 정책 효과

① 방과후학교의 사교육 경감 효과

방과후학교는 사교육비를 경감시키는 가장 효과적인 정책 중 하나이지만 그 효과는 학교급별로 다른 양상을 보이고 있다. 초등학교와 중학교의 방과후학교는 고등학교에 비해 사교육 참여율과 사교육비 감소에 효과가 있었으며(문지영, 김현철, 박혜연, 2018; 윤유진, 2017; 정민지, 2017), 특히 중학생의 경우에는 방과후학교가 사교육비 경감뿐만 아니라 성적 향상에 도움이 되는 것으로 나타났다(우명숙, 이수정, 2010).

방과후학교의 효과를 초·중·고등학교 학교급별로 나누어 분석한 문지영, 김현철, 박혜연(2018)의 연구에 따르면, 초등학교와 중학교에서는 방과후학교 참여로 인한 사교육비가 감소하였으나, 고등학생은 오히려 방과후학교 참여집단의 월평균 사교육비 지출이 더 많아 사교육비 감소 효과가 없었다. 사교육 참여율은 초·중·고 모두에서 방과후학교 참여에 따른 사교육비와는 달리 감소 효과가 나타나지 않았다. 초등학교와 중학교에서는 방과후학교가 사교육 참여율을 감소시키는 효과가 낮았음에도 불구하고 방과후학교와 사교육의 선택적 활용을 통해 방과후학교가 어느 정도는 사교육비 절감에 유의한 영향을 미쳤다고 볼 수 있다. 고등학교는 여유시간이 적어 방과후학교보다는 사교육에 더 의존하는 경향이 있었다. 초등학교와 중학교는 고등학교에 비해 상대적으로 여유시간이 많기 때문에 방과후학교에 참여하더라도 사교육에 함께 참여하는 것으로 보였다. 이렇듯 방과후학교의 사교육비 및 사교육 참여율은 전체적으로 감소 효과가 낮았지만 선택적 활용에 있어 학교급별로 차이가 있는 것으로 나타났다.

초·중·고등학생의 방과후학교가 사교육비 경감에 미치는 효과를 연구한 심은석, 박균달, 김현진(2013)의 연구에 따르면, 방과후학교 참여가 초등학생은 영어 사교육비 경감에, 중학생은 영어와 수학 사교육비 경감에 영향을 미치는 것으로 나타났다. 이에 비해 고등학생의 국어, 영어, 수학의 방과후학교 참여는 사교육비 감소에 영향을 미치지 않는 것으로 나타났다. 이러한 결과는 초등·중학교의 방과후학교 참여집단과 비참여집단 간 사교육비 경감 효과를 분석한 윤유진(2017)의 연구, 그리고 방과후학교가 중학생 사교육 참여에 미치는 영향을 분석한 정민지(2017)의 연구와 일치한다.

그러나 중학생을 대상으로 한 연구에서는 상반된 결과가 도출되기도 하였다. 변수용과 김경근(2010)은 한국교육종단연구 1~3차년도 데이터를 분석하여 방과후학교가 사교육 참여와 지출에 미치는 영향을 분석하였다. 이 연구 결과에 따르면, 중학교 3학년으로 진급하는 과정에서 방과후학교는 사교육 참여 및 지출에 별다른 영향을 미치지 않았다. 이와는 달리 배상훈, 김성식, 양수경(2010)의 연구 결과에 따르면, 방과후학교 참여율이 증가할수록 사교육비 지출 규모가 줄어들었다. 중학생의 방과후학교 프로그램 참여가 사교육비에 미치는 영향을 분석한 다른 연구(우명숙, 이수정, 2010)에 따르면, 중학교 시기의 방과후학교 참여가 사교육비 경감과 성적 향상 두 가지 측면에서 모두 긍정적인 효과를 보였다. 이렇듯 방과후학교의 사교육 감소 효과는 동일한 학교급에서 상반된 결과를 보이기도 하였다.

고등학생의 방과후학교 참여가 사교육 참여율 감소에 직접적인 영향을 미치지는 않으나, 사교육비 지출에는 영향을 미치는 것으로 나타났다. 김진영(2012)의 연구에 따르면, 방과후학교와 사교육의 성적 상승효과는 크지 않았지만, 방과후학교가 고등학교 중상위권 학생들에게는 긍정적인 효과를 주었다. 고등학교 방과후학교 참여집단은 미참여집단보다 사교육비를 상대적으로 적게 지출하였다(이준호, 황혜선, 2016).

② 초등돌봄교실의 사교육 경감 효과

초등돌봄교실은 주로 맞벌이 가정의 자녀들이 이용하는 편이다. 최근에 초등돌봄교실과 사교육 경감 간의 관계에 대해서 여러 연구자의 관심이 증가하고 있다. 백순근, 이솔비, 장지현, 양현경(2019)은 육아정책연구소의 한국아동패널 8차년도(2015년)와 9차년도(2016년) 조사 자료를 사용하여, 2015년 초등학교 1학년 610명과 2016년 초등학교 2학년 575명을 대상으로 돌봄교실에 참여하는 맞벌이 가정 자녀의 사교육 시간 및 비용, 부모의 일과 양육의 병행 이점 및 갈등에 대한 인식의 차이를 알아보고자 하였다. 이 연구에 따르면, 맞벌이 가정 자녀의 돌봄교실 참여가 사교육 참여 시간과 사교육비 경감에 유의한 효과가 있었다. 또한 초등돌봄교실 참여는 사교육 시간 경감에 효과가 있었으며, 그 효과는 1학년이 2학년보다 상대적으로 더 큰 것으로 나타났다. 초등학교 저학년 아동을 둔 맞벌이 가정의 경우, 아동의 안전에 대한 걱정과 부모의 시간관리 등을 위해 사교육에 의존하는 경향이 많은 것으로 나타나 초등돌봄교실은 이러한 사교육 의존을 완화해 줄 수 있음이 확인되었다.

초등돌봄교실의 사교육 경감 효과는 대체적으로 높은 편이며, 이에 관한 연구가 다수 진행되어 왔다. 노성향(2012)은 초등학교 저학년 자녀를 둔 취업모 238명을 대상으로 초등돌봄교실에 대한 인식 및 이용현황, 초등돌봄교실 프로그램에 대한 요구를 조사하였다. 이 연구 결과에 따르면, 취업모들은 초등돌봄교실의 필요성을 지각하고 있었고, 취업모의 초등돌봄교실에 대한 이용 만족도는 비교적 높게 나타났다. 이에 초등돌봄교실에 대한 학부모들의 만족도가 대체로 높은 것으로 나타났다.

박채형(2018)은 부산광역시 지역의 교사, 장학사, 학원 관계자, 학부모 등 관계자와의 면담을 통해 교육부의 사교육 경감 정책과 부산광역시교육청의 초등학교 사교육 경감대책의 일관성 및 현실성을 분석하였다. 많은 학부모는 자녀들의 보육을 위해 자녀들을 돌봄교실에 보내고 있었으며, 돌봄교실 추첨에서 탈락한 자녀들을 학원에 보내는 경향이 있었다. 그러나 돌봄교실과 방과후학교는 교육 내용 면이나 질적인 측면에서 학부모들의 높은 기대에 부응하지 못하고 있었다.

김미진과 홍후조(2019)는 초등학교 저학년 돌봄 공백 문제에 대한 대응방안으로 정부에서 제안한 하교 시간 연장 문제를 교육적으로 검토하기 위해 현직교사와 해당 학령기 자녀를 둔 학부모의 의견조사 연구를 실시하였다. 이 연구 결과에 따르면, 하교 시간 연장에 대해 대부분의 교사는 대체로 거의 모든 항목에 부정적인 의견이었다. 학부모들은 중간 의견이 지배적이었으나 하교 시간 연장에 찬성하는 학부모의 경우 맞벌이 가정의 돌봄 공백 문제를 해소하고 사교육 부담을 덜기 위한 이유 때문이었다. 그러므로 초등돌봄교실은 사교육의 경감을 위해서뿐만 아니라 돌봄이 필요한 가정이 이용할 수 있도록 사회적 돌봄 확대의 필요성, 방과후학교와 초등돌봄교실의 강사와 프로그램의 질 개선, 전일제 학교의 경우 오전학교와 오후학교의 책임 소재와 운영 주체의 분리가 요구된다(유재봉, 이수정, 강문숙, 유지선, 김동화, 2020b).

요컨대 초등돌봄교실은 부모가 자녀를 안심하고 양육할 수 있는 여건을 조성할 뿐만 아니라 사교육 참여를 감소시키는 효과가 있다. 그러나 현행 초등돌봄교실은 돌봄서비스 내용이나 질적인 측면에서 만족스러운 수준이 아니며, 강사진과 교육 내용의 개선이 필요한 상황이다. 그럼에도 불구하고 초등돌봄교실은 학교의 안전한 환경에서 다양한 경험의 기회를 제공할 수 있다는 점에서 사교육에 따른 문제를 해결할 수 있는 중요한 정책으로 볼 수 있다.

(3) 방과후학교와 초등돌봄교실에 대한 평가

사교육 경감을 위해서 정부는 방과후학교와 초등돌봄교실을 활성화하고 질적인 부분을 강화할 필요가 있다. 그러기 위해서는 학교가 교육적인 책임감을 가지고 학교교육과 방과후학교, 돌봄교실 간의 연계를 효율적으로 운영할 필요가 있다(유재봉, 이수정, 강문숙, 유지선, 김동화, 2020a). 이를 위해서는 다음의 몇 가지 노력이 요구된다.

첫째, 초등학교는 학교교육 내 교과과정과의 연계 혹은 방과후학교와 돌봄교실의 연계를 통해 교육적 기능을 보완하도록 할 필요가 있다. 말하자면, 학교교육, 방과후학교, 돌봄교실은 협동적으로 분가/연계하는 일이다. '분가한다'는 것은 학교교육과 방과후학교, 돌봄교실이 그 성격이나 목적을 달리한다는 뜻이고, '연계한다'는 것은 성격이 다름에도 불구하고 그것이 모두 유기적으로 연결된다는 뜻이다. 학교교육이 교육의 본질에 충실하게 다양한 교과를 가르침으로써 각 교과의 가치를 내면화한 전인적 인간을 기르는 일을 하는 것이라면, 방과후학교와 돌봄교실의 역할은 학부모와 학생의 실제적 요구를 잘 반영하여 특정 기능을 기르고 돌봄기능을 수행하는 것이다. 이렇게 함으로써 학교교육의 성격을 훼손하지 않으면서도 수요자의 다양한 요구를 충족시킬 수 있다.

둘째, 각 학교의 방과후학교 운영에 대해 다양성과 자율성을 허용함으로써 각 학교의 학부모 수요에 맞는 특기 및 적성교육 프로그램, 학습관리, 돌봄의 기능을 함께 수행할 수 있다. 지역마다 사회의 요구가 다르므로 학교마다 교육적 지향점 또한 상이할 수 있다. 그에 따라 각 학교는 교육목표와 지역사회의 요구에 맞는 방과후학교를 운영하여야 한다. 교육부나 시·도 교육청은 각 학교의 다양한 모범사례를 전파함으로써 운영에 어려움을 겪고 있는 방과후학교를 활성화시킬 수 있을 것이다.

셋째, 방과후학교의 성격에 충실한 것은 아니지만, 방과후학교

강좌에 학교교과의 보충 또는 심화학습이 가능하도록 하는 것을 검토할 필요가 있다. 상당수의 초등학생들이 일반교과의 사교육에 참여하는 이유가 학교수업의 보충심화, 선행학습, 진학준비, 불안심리 등임을 고려하여, 방과후학교에 교과수업의 보충과 심화학습을 허용한다면 사교육의 수요를 학교가 흡수할 수 있을 것이다. 그리고 방과후학교의 학교·지역 간 수준 차이를 극복하기 위해 방과후학교 강사가 수업 시 EBS의 다양하고 질 높은 콘텐츠와 프로그램을 활용하고, 학생별 학습관리를 하는 EBS와 방과후학교를 연계·운영하는 것도 고려할 수 있다(유재봉, 이수정, 강문숙, 유지선, 김동화, 2020b).

넷째, 방과후학교 프로그램을 사교육 수요 흡수 이상으로, 공교육의 수단으로 활용할 필요가 있다. 방과후학교 프로그램의 활용으로 사교육비가 감소하는 효과가 있었다는 점에서 볼 때, 방과후학교 프로그램을 특기·적성 중심으로 내실 있게 운영한다면 학생들의 만족도를 높이고 학부모의 사교육비를 줄여 주는 효과가 있을 것이다. 코로나19로 인한 방과후학교 축소 상황이 아직까지 이전의 정상적인 수준으로 완전히 회복되지 못했기 때문에 방과후학교의 적극적인 운영과 동시에 단순한 양적 확대가 아닌 질적 측면에서의 향상이 필요하다. 방과후학교의 질적 향상을 위해 다양하고 질 높은 방과후학교 프로그램을 개설하고, 나아가 학생들의 능력과 흥미를 개발할 수 있도록 다양한 경험을 통해 학습력을 높여 주는 것이 필요하다. 또한 방과후학교 프로그램의 운영을 단지 사교육비를 줄이기 위해서가 아니라 본래 공교육이 추구하는 목적인 지적·정서적 능력계발을 보완하는 수단으로 활용해야 할 것이다 (유재봉 외, 2022).

3) EBS 관련 정책

(1) EBS 관련 정책의 변화

① EBS 수능연계 관련 정책의 변화

교육부는 2004년 2월에 발표한 '공교육 정상화를 통한 사교육비 경감대책'에서 10대 추진과제 중 하나로 EBS 수능방송 및 인터넷 강의 확대를 포함시켰다. 그리하여 교육부는 2004년 4월부터 'EBS 수능강의' 서비스를 시작하였다. 2010년 2월에는 사교육 경감 정책으로 '수능과 EBS 연계강화 방안'이 발표되었다. 교육부는 한국교육과정평가원, 한국교육방송공사(EBS)와 MOU를 체결하여 수능의 70%를 EBS 교재와 연계하여 출제한다고 밝혔으며, 이는 2011학년도 수능부터 도입되었다(교육과정평가원, 2016). 이후 교육부에서는 'EBS 수능연계 완성도 제고방안'(2015. 8.), 'EBS 수능강의 사업 개선방안'(2016. 12.)을 마련하여 EBS 수능강의를 지원하고 있다. 2018년 8월에 발표한 '2022학년도 대학입학제도 개편방향 및 고교교육 혁신방향'에 따라 2022학년도 수능에서는 EBS 연계율을 50%로 축소하여 출제하였다. 주요 EBS 정책의 변화 추이를 요약하여 제시하면 〈표 3-14〉와 같다.

⟨표 3-14⟩ 주요 EBS 정책의 변화 추이

연도	정책	주요 내용
2004	2004. 2. 18. '공교육 정상화를 통한 사교육비 경감 대책'	- EBS 수능방송 및 인터넷 강의를 통한 교육 지원 체제 구축
2014	2014. 12. 18. '사교육 경감 및 공교육 정상화 대책'	- '수능과 EBS 연계강화 방안'을 통한 교육과학기 술부-한국교육과정평가원-한국교육방송 간 교 류협력협정서(MOU) 체결 - 2011학년도부터 EBS 교재연계 수능 70% 출제
2018	2018. 8. 17. '2022학년도 대학입학 제도 개편방향 및 고교 교육 혁신방향'	- EBS 수능 연계율 50%로 축소

  EBS 수능강의 지원사업의 주요 목적은 'EBS 교육용 콘텐츠 및 학습 지원 서비스의 무상 제공을 통한 사교육비 경감 및 교육격차 완화'이다. 이 목적을 달성하기 위한 구체적인 내용은 다음과 같다. 첫째, 고교 내신 및 수능강의 교육서비스 운영이다. EBS 수능강의는 수준별 맞춤형 강좌 운영을 위해 고교 1~3학년 수준별·단계별 강의 콘텐츠를 TV 방송과 인터넷으로 24시간 무료 제공한다. 또한 고교 현장 우수강사를 확보하기 위해 우수한 교원양성을 지원한다. 둘째, 교재 문항 개발을 통한 질적 관리를 위해 EBS 수능연계 교재 품질을 제고한다. 교육부는 한국교육과정평가원과 한국교육방송공사와 공동협력 체제로 EBS 수능연계 교재의 질을 관리하며, 이를 위해 교재개발 방식의 변경과 전문인력 보강을 통해 EBS 교재 오류 재발을 방지하고, 개념과 원리에 충실하도록 문항출제 검수를 강화한다. 셋째, 온라인 학습 지원 서비스로, 개별

학습 지원을 관리한다. 1:1 Q&A 학습상담 서비스 운영을 통해 교원 강사진이 강의 및 학습 내용에 대한 실시간 질문을 24시간 내에 답변하도록 지원하며, 논술 첨삭지도 및 자기소개서 첨삭 서비스를 제공하여 개별 맞춤형 서비스를 확대한다. 넷째, 수능강의의 보편서비스 및 사회공헌 확대를 위해, 사회적 배려 대상 자녀들에 대한 EBS 수능교재 무상 지원 및 시청각 장애인을 위한 점역·자막 사업을 지원한다(교육부, 2017).

〈표 3-15〉에서 나타나 있듯이, EBS 수능강의 활용 현황은 회원 수가 2015년부터 2021년까지 비슷한 수준으로 유지되고 있으나, 1일 평균 이용자 수는 2020년에 비해 2021년에 약 20만 명이 줄어들었다. 코로나19 상황에서는 비대면 교육으로 인해 EBS 수능강의 이용자가 급증하였으나, 이후 사회적 거리두기 정책의 완화로 대면 수업을 하게 됨에 따라 예년 수준으로 돌아간 것으로 보인다.

코로나19 장기화로 인해 온라인 사교육 시장이 확대되고 유료 인터넷 및 통신강좌 유형의 사교육 선호도가 점차 증가됨에 따라, 교육부는 온라인 학습 경험을 공교육 차원에서 적극 활용하고자 하였다. 이를 위해 EBS 인공지능 학습진단시스템을 고교과정에서 초등·중학교까지 확대하여 데이터 기반 맞춤형 학습 지원을 활성화하고 있다.

〈표 3-15〉 EBS 수능강의 활용 현황

(단위: 명)

	2015년	2016년	2017년	2018년	2019년	2020년	2021년
회원 수	1,356,179	1,319,256	1,305,816	1,336,881	1,160,641	1,195,528	1,312,575
1일 평균 이용자 수	721,430	628,163	514,493	511,229	509,249	798,274	599,122

출처: 교육부(2022c) 내용 재구성.

② 교과별 EBS 수능연계 관련 정책의 변화

영어와 수학의 월평균 사교육비는 타 교과에 비해 월등히 높기 때문에 EBS에서는 EBSe를 활용한 방과후 영어교육과 EBS Math를 통한 수학학습 사이트를 지원하고 있다. 교육부에서는 영어 사교육비를 경감하기 위한 목적으로 영어(전담)교사의 전문성을 신장시키고 학교 영어수업의 질을 향상시키고자 EBSe를 통한 자기주도학습을 지원하고 있다. EBSe를 활용한 방과후 영어교육은 2011년 2학기부터 모든 학교에 보급되었다. EBSe 방과후 영어 프로그램은 학교 교육과정과 연계한 수준별 교재의 개발뿐만 아니라 학습 및 과제 관리 시스템을 구축하여 온·오프라인 블렌디드 러닝(blended learning) 시스템을 기반으로 한 학습과, '방과후수업 자율학습' 연계를 통해 학습의 효과를 극대화할 수 있도록 구성되어 있다.

EBSe는 다양한 교수학습자료, 평가문항, 말하기·쓰기 연습 프로그램 등을 개발하여 수업에 활용할 수 있도록 제공하고 있으며, 담당교사가 다양한 콘텐츠로 지도안을 구성하고 수업에 활용할 수 있도록 교사 맞춤형 홈페이지 형태로 운영하고 있다. EBSe 방과후 영어교육은 상시적으로 영어학습을 할 수 있는 환경을 마련하여 장소와 시간의 구애를 받지 않는 자기주도적 학습 지원 시스템을 제공함으로써 공교육의 질을 향상시키고 사교육을 경감시키고 있다. EBSe는 자기주도학습 지원을 활성화하기 위해 정규 교육과정에 입각한 말하기·쓰기 자기주도학습 온라인 연습 프로그램 콘텐츠 확충 및 첨삭 서비스를 강화하였다. 초등은 30분, 중·고등은 1시간 분량으로 말하기·쓰기를 연습할 수 있는 온라인 및 모바일 학습 프로그램을 제공하고 있다. 이와 더불어 EBSe를 방과후학교와 연계할 수 있도록 단계별, 수준별 교재개발을 지속적으로 추진하고 있다.

한편, 2018학년도부터 시행된 영어 절대평가제의 가장 큰 목적은 사교육 경감이다. 이러한 노력의 일환으로 EBS 수능교재와 연관하여 영어의 어휘 수를 축소하고, 난이도를 완화함으로써 영어 사교육을 경감시키고자 하였다(유재봉 외, 2017).

수학 사교육을 경감하기 위한 대책으로는 2013년부터 자료 지원 사이트 EBS Math를 운영하고 있다. EBS Math는 초등학교 3학년부터 고등학교 3학년까지를 대상으로 하며, 프로젝트형 수업과 과정중심의 평가체제를 도입해 학생들의 흥미와 동기를 유발할 수 있도록 하고 있다. 교육부의 '수학교육 선진화 방안'(2012. 1.)과 '사교육 경감대책'(2012. 2.)에 따라 EBS Math는 학교 수학교육의 내실화로 사교육비를 경감시키기 위해 제작되었다. EBS Math의 기본 방향은 수학에 대한 관심과 흥미 유발로 자발적 학습동기를 유발시키는 것이며, 이를 위해 무료 보편적 교육서비스를 제공하여 수학 사교육 의존도를 감소시키고 지역·계층 간 수학학습 격차를 해소하는 데에 있다(정순모, 박혜연, 김응환, 2015).

(2) EBS 관련 정책의 사교육 경감 효과

2010년 EBS 수능연계 정책 시행 이후, 많은 선행연구에서 EBS 수능강의가 사교육비 부담 완화에 긍정적인 효과를 보인다고 보고하고 있다. 한상만, 조순옥, 이희수(2011)는 EBS 수능강의 지원사업이 사교육비 경감에 기여했는지를 연구하는 데에 학생과 학부모 각 1,000명씩을 대상으로 한 「2009년 EBS 수능강의에 대한 이용실태 2차 조사」의 원자료를 분석 자료로 활용하였다. 그 연구 결과는 다음과 같다. 첫째, 사교육에 참여하고 있지 않은 학생들이 사교육에 참여하고 있는 학생들에 비해 EBS 수능강의의 사교육 이용 감소 효과에 대한 인식 정도가 높게 나타났다. 둘째, 사교육비 경감 효과에서 가장 큰 영향을 주는 것은 강의내용이었다. 셋째, EBS 수능강의로 인해 사교육을 중단한 경험이 있는 학부모들이 사교육비 경감 효과를 높게 평가하는 것으로 나타났다.

정동욱 외(2012)는 사교육이 가장 활발한 서울 지역의 중·고등학교를 대상으로 서울교육종단연구 1~2차 데이터를 활용하여 EBS 교육 프로그램의 사교육 경감 효과를 분석하였다. 그 결과에 따르면, EBS 교육 프로그램의 사교육비 감소 효과는 있었으며, 그것은 특히 중학교 수학과목에서 두드러지게 나타났다. 고등학교의 경우 일반학교보다 '사교육 없는 학교'를 정책적으로 시행한 학교에서 EBS 효과가 더 컸다. 교사의 EBS 활용정도가 높은 학교일수록 사교육 참여 및 비용의 경감에 더욱 효과적이었다.

이와 달리 EBS 수능연계의 사교육비 경감 효과는 직접연계와 간접연계 모두에서 사교육비 감소 효과가 미미한 것으로 나타나기도 하였다(최승진, 2017). EBS 수능연계 정책은 사교육 경감의 문제를 넘어서 의도하지 않은 부작용을 초래할 수도 있다. 임종헌과 김병찬(2014)은 사교육비 절감을 목표로 실시된 'EBS 수능연계 정책'이 교육현장에서 정책 의도에 충실하게 운영되고 있는지 밝혀내기 위해 서울시 동대문구와 강남구의 보습학원을 대상으로 질적 사례연구를 수행하였다. 그 결과, EBS와 대학수학능력시험 간의 연계율을 강제함으로써 '학교: EBS에 점령당하기' '학원: EBS는 새로운 돌파구' '학생: EBS는 암기과목'과 같이 의도하지 않은 부정적 효과들이 나타난다는 것을 밝혀냈다. EBS 자체조사는 EBS 수능방송이 사교육비 절감에 상당한 효과가 있다고 밝혔지만, 교육 현장은 여전히 만족스럽지 않고, 학교 현장의 교육과 온라인 교육의 한계를 고스란히 가지고 있는 EBS 수능방송으로 인해 학원은 사교육을 확장할 수 있는 기회로 활용되었다.

고등학생 시절 EBS 수능강의 수강경험이 대학에서의 학습에 어떠한 영향을 미치고 있는지를 분석한 길혜지와 김혜숙(2017)의 연구 결과에 따르면, EBS 수능강의와 자기주도적인 학습을 병행할 역량이 없는 학생은 EBS 수능강의에 의존하면 할수록 수업 집중도와 학업적인 효능감이 낮아졌다. 또한 사교육 중심집단은 자기주도성이 높은 집단에 비하여 대학에서의 학습 참여 수준이 낮은 것으로 나타났다.

수능연계의 사교육비 경감 효과는 직접연계와 간접연계 모두 사교육비를 감소시키는 것으로 나타났으나, 그 값이 크지 않아 효과가 미비한 것으로 분석되었다(최승진, 2017). 또한 상위권 학생들을 제외하고는 스스로 문제해결에 한계가 있기 때문에 계속해서 사교육에 의존하는 것으로 나타났다. 즉, EBS 수능연계가 학습능력이 부족한 학생들에게는 사교육의 대체방안으로 기능하기 어렵고 사교육 수요를 흡수하지 못하고 있던 것이다. 장지윤, 박인우, 장재홍(2017)에 따르면, EBS 교육프로그램과 수능 출제 연계 정책이 고등학교 3학년 학생들에게는 긍정적으로 작용하고 있으나, 그 외 학년에서는 EBS 방송 시청이 사교육비 지출에 미치는 영향이 없다는 점에서 단순히 수능 점수를 올리기 위해 EBS가 활용될 뿐 공교육 내실화에는 큰 도움이 되지 못하는 것으로 나타났다(유재봉 외, 2022).

EBS 수능연계 정책이 사교육 경감에 미치는 효과에 관한 연구는, 연구에 따라 그 결과가 상이하게 나타나고 있다. 그럼에도 불구하고 EBS 수능연계는 특히 고등학교 3학년 학생들에게 도움이 되며 지역 간 격차를 해소할 수 있는 여지로 작용한다. 이러한 점에서 학교 교육과정의 내용을 기본으로 한 EBS 수능연계는 공교육을 내실화할 수 있는 요인이 된다.

한국교육종단연구 4~6차 조사 자료와 EBS 연계자료에서 추출한 전문계를 제외한 고등학생 대상의 조사 연구(최승진, 2017)에 따르면, EBS 수능연계는 EBS 방송시청과 사교육비 경감에 대체로 영향을 미치는 것으로 나타났다. 특히 중소·읍면 지역의 학생들에게는 EBS 방송시청이 지역 간 교육격차를 줄이는 효과를 가져왔다. EBS 수능강의의 사교육 경감 효과는 학교급과 지역별로 다른 양상을 보인다. 성낙일, 홍성우(2009)는 초·중·고 학생을 대상으로 EBS 방송강의의 사교육비 절감 효과 연구에 따르면 그것의 긍정적인 효과가 있었으나, 효과의 정도는 학급별, 지역별로 상이하게 나타난다고 보고하였다. 중학교의 경우 전 지역에서 EBS 방송강의를 통한 사교육비 경감대책이 효과가 있었고, 일반계 고등학생의 경우 광역시와 중소도시에 거주하는 학생들은 어느 정도의 사교육비 경감 효과를 보였다. 중·고등학생과 달리, 초등학생의 경우 EBS 방송강의는 내용이 제한적일 수밖에 없기 때문에 큰 효과가 없었다.

중소·읍면 지역의 학생이 아닌 서울 지역 고등학생에게도 EBS 수능연계 강의는 사교육비 감소에 도움이 되었다. 장지윤, 박인우, 장재홍(2017)의 연구에서는 서울교육종단연구의 4~6차 자료에서 추출된 고등학교 1학년부터 3학년까지 총 3,017명을 대상으로 잠재성장모형을 이용해 시간에 따른 변화를 분석하였다. 이 연구에 따르면 학년이 올라갈수록 학생들은 사교육비와 EBS 시청시간이 증가하였고, 고등학교 3학년 학생의 EBS 시청은 사교육비 감소에 많은 영향을 미쳤다.

2016년에 실시한 통계청의 사교육비 실태조사를 활용하여 지역특성과 사교육비 지출 간의 연관성을 살펴본 임보영, 강은택, 마강래(2017)의 연구에서는, 초·중·고 학교급에 따라 그 결과가 상이하게 나타났다. 초등학교는 EBS 지출액이 사교육비와 관계가 없었고, 중학교는 EBS 지출액이 높아질수록 사교육비 지출액이 줄어들었다. 고등학교의 경우 EBS 교재 및 강의가 수능과 연계됨으로써 생기는 부수적인 사교육 등의 등장으로 EBS 지출액이 높아질수록 사교육비 지출액이 증가함을 보였다.

한편, EBS 수능강의의 사교육 경감 효과는 교과마다 약간 다르게 나타났다. 주동범, 이원석, 이현철, 김광석(2018)의 연구에 따르면, EBS 교육 프로그램 이용은 부산광역시 일반계 고등학교의 국어, 영어, 수학 사교육비 지출을 감소시켰다. 백순근, 길혜지, 윤지윤(2010)은 한국교육종단연구 2~5차년도 자료를 이용하여 EBS 강의의 효과를 분석하였다. 중학생 3,727명을 대상으로 국어, 수학, 영어 교과별로 EBS 강의 수강시간이 사교육비에 미치는 영향을 성장모형(growth modeling)을 사용하여 분석하고 그 결과를 비교하였다. 이 연구 결과에 따르면, EBS 강의 수강시간이 1시간 증가할 때 15,265원의 사교육비 감소 효과가 있는 것으로 나타났다. 그러나 교과별로는 국어교과에서만 EBS 강의 수강시간이 사교육비 경감에 통계적으로 유의미한 효과가 있었다. 이와는 달리 영어교과의 사교육 경감 효과는 없었으며, 수학교과가 상대적으로 사교육 경감 효과가 크다는 연구 결과(임현정, 김양분, 2012; 정동욱 외, 2012)가 있었다.

이와 달리, 전영주, 이제영(2019)에 따르면, EBSe 사용목적으로 '학교 영어수업 보완' '영어 사교육의 감소' 항목이 높은 결과를 보였으며, 학생들이 학교 영어수업을 보완하기 위해 사교육 대신 EBSe 서비스를 선택하는 것을 볼 수 있었다. 초등학교급과 중학교급에서는 EBSe를 수강함에 따른 사교육비 절감액이 매우 컸다. 이러한 연구 결과는 EBS 강의가 수학과 국어 외에도 영어 사교육을 감소시킬 여지가 있음을 보여 주었다.

이렇듯 사교육에 참여하지 않는 학생들은 EBS가 사교육을 감소시키는 효과가 크다고 인식하고 있으며(한상만, 조순옥, 이희수, 2011), 사회경제적 배경이 낮은 학생들에게 사교육 경감 효과가 크게 나타났다(정동욱 외, 2012). 이러한 연구 결과는 EBS 수능강의가 상대적으로 사교육의 수혜를 적게 받는 학생에게도 효과가 있다는 점을 보여 주었다. 이 외에도 강의내용이 사교육 경감 효과에 가장 큰 영향을 주고(한상만, 조순옥, 이희수, 2011), 교사의 EBS 활용정도가 높은 학교에서 사교육 참여 및 비용 경감에 효과적이었다(정동욱 외, 2012). 또한, EBS 강의는 국어교과와 수학교과에 사교육 경감 효과가 있으며 EBSe 서비스를 통해 영어 사교육 또한 감소 효과가 있다는 것을 알 수 있었다. EBS 강의의 사교육 감소 효과가 인문계 고등학교 3학년에게 가장 크게 영향을 미친다는 것 등(장지윤, 박인우, 장재홍, 2017) EBS 강의는 다양한 긍정적인 효과가 있는 것으로 나타났다(유재봉 외, 2018).

3. 사교육 경감 정책의 평가

1) 정부별 사교육 경감 정책의 평가

우리나라 사교육 경감 정책은 각 정부별로 중점 정책과 방향에 따라 다소 상이하기는 하지만, 대체로 '공교육 정상화를 통한 사교육 경감'이라는 기조를 견지해 오고 있다. 역대 정부들의 사교육 경감 정책은 학생 및 학부모 입장보다는 정부 당국의 입장에서 정책 문제를 바라보고 사교육비 경감대책을 마련하여 추진하였다(김정근, 2020: 156).

이 절에서는 노무현 정부부터 문재인 정부까지 추진된 공교육 정상화를 통한 사교육비 경감 정책들을 비교·논의해 보고자 한다. 김정근(2020)은 각 정부별로 발표된 사교육 경감대책을 '학교교육 내실화' '사교육 수요 흡수' '입시제도 개선' '학원 관리·규제' 정책으로 구분하고, 사교육비 경감 정책의 타당성을 분석한다.

사교육비 경감 정책 주장, 관련 정보, 근거에 대한 이의는 정책분석가의 입장에서의 정부 정책주장 등에 대한 문제제기다. 또한 사교육 경감 정책의 타당성은 사교육비 경감 정책이 과연 정책적으로 올바른 문제정의와 대책이 수립되고 추진되었는지를 살펴보는 것이다. 다음에서는 정책의 성패에 중요하게 작용하는 정책의 수용성 측면을 고려하여, 학부모·학생의 입장에서 사교육비 경감 정책이 추진되었는지를 살펴보고자 한다.

〈표 3-16〉 역대 정부의 공교육 정상화를 통한 사교육비 경감대책[5)]

구분	학교교육 내실화	사교육 수요 흡수	입시제도 개선	학원 관리·규제
노무현 정부 '공교육 정상화를 통한 사교육비 경감대책' (2004. 2. 17.)	- 우수교원 확보 - 수업·평가방법 개선 - 수준별 교육·학생 선택권 확대	- 수능과외 대체: 이러닝 체제 구축 - 수준별 보충학습 실시 - 특기·적성교육 활성화 - 초등 저학년 '방과후교실' 운영	- 대입제도 개선: 고교내신 반영 비중 확대 - 특목고 입학전형 개선: 중학교 내신중심전형 확대	- 사교육 산업 감독체제 마련
이명박 정부 '공교육 경쟁력 향상을 통한 사교육비 경감대책' (2009. 6. 3.)	- 교과교실제 도입 - 학업성취도평가 개선 - 의사소통 중심 영어교육 강화	- '사교육 없는 학교' 프로젝트 추진 - 방과후학교 교육서비스 강화 - EBS 수능강의 서비스 품질 제고	- 대학입학사정관제 내실화 - 특목고입시제도 개선 - 기출문제 공개로 내신 사교육 경감	- 학원 교습시간 단축운영 유도 - 온라인 교육기관의 수강료 제한 - 학원신고포상금제 도입
박근혜 정부 '사교육 경감 및 공교육 정상화 대책' (2014. 12. 18.)	- (영어)학교수업 질적 제고 - (수학)학습내용 적정화 - (중학)자기주도학습 능력신장	- 초등돌봄기능 및 특화 프로그램운영 - 수요자 중심 방과후학교 운영체제	- 학생부중심 대입체제: 학생부종합전형 확대 - (중학)사교육 유발요소 배제 - (고교)대입 부담 완화	- 유아대상 영어 학원비 인하 유도 - 학원의 선행학습 유발광고 제한

(계속)

5) 김정근(2020: 155) 〈표 3-16〉 역대 정부의 공교육 정상화를 통한 사교육비 경감대책 발췌 및 일부 수정.

문재인 정부 '사교육비 조사 결과' (교육부, 2017~2019)			- 기초학력 지원 내실화 - 과정중심평가 강화 - 고교학점제 도입 기반 조성	- 온종일 돌봄체계 구축 - 지역사회 연계 교과 및 예체능 방과후 프로그램 활성화	- 대입제도 단순화: 학생부·수능 위주 전형 - 대입제도 공정성: 대학 학종 평가기준 공개	- 학원비 인상 억제 - 학원비 옥외가격표시제 - 진학상담 컨설팅 교습료 기준 마련 - 위법행위 학원 명단 공개
비교	공통점		- 학교수업 질적 제고	- EBS 방송강의, 방과후학교 프로그램 운영	- 입시경쟁 완화	- 학원비 인상 억제
	차이점	노무현 정부	- 수준별 수업	- 수준별 보충 수업	- 고교 내신 확대	—
		이명박 정부	- 교과교실제 영어교육 강화	- '사교육 없는 학교' 프로젝트	- 입학사정관제	- 학원 교습시간 단축
		박근혜 정부	- 영어·수학 과목 대응	- 수요자 중심 방과후학교	- 학생부종합전형 확대	- 유아대상 영어 학원비 인하 유도
		문재인 정부	- 기초학력 지원	- 지역연계 예체능 방과후 프로그램	- 학생부종합전형 공정성 강화	- 진학상담 컨설팅 교습료 기준 마련

〈표 3-17〉 각 정부의 공교육 정상화를 통한 사교육비 경감대책 비교[6]

구분		학교교육 내실화	사교육 수요 흡수	입시제도 개선	학원 관리·규제
비교	공통점	- 학교수업 질적 제고	- EBS 방송강의, 방과후학교 프로그램 운영	- 입시경쟁 완화	- 학원비 인상 억제

〈계속〉

6) 김정근(2020: 155)의 〈표 3-16〉에서 분리 재구성.

비교	차이점	노무현 정부	- 수준별 수업	- 수준별 보충 수업	- 고교내신 확대	- 사교육 산업 감독체제 마련
		이명박 정부	- 교과교실제 - 영어교육 강화	'사교육 없는 학교' 프로젝트	- 입학사정관제	- 학원 교습시간 단축
		박근혜 정부	- 영어 · 수학 과목 대응	- 수요자 중심 방과후학교	- 학생부종합전 형 확대	- 유아대상 영어 학원비 인하 유도
		문재인 정부	- 기초학력 지원	- 지역연계 예 체능 방과후 프로그램	- 학생부종합전 형 공정성 강화	- 진학상담 컨설 팅 교습료 기 준 마련

2) 주요 사교육 경감 정책의 평가

앞에서 보았듯이, 사교육 경감 정책은 공교육의 정상화를 통한 사교육 경감을 지향하고 있다. 이를 위해 교육부에서는 「공교육정 상화법」을 시행하고, 방과후학교와 초등돌봄교실 정책을 수립 및 실행하며, EBS와 수능을 연계함으로써 공교육 내 사교육을 흡수 하고자 하였다. 다음에서는 각 사교육 경감 정책인 「공교육정상화 법」, 방과후학교, EBS 수능연계 정책에 대한 평가를 검토한다.

첫째, 「공교육정상화법」은 사교육 경감 정책을 실현하면서 학교 교육을 내실화할 수 있는 의미 있는 법안이다. 다만, 「공교육정상 화법」은 학교에서의 선행교육 및 선행학습 유발행위 규제에 효과 적이었으나, 사교육비 감소 등에 큰 영향을 주지는 못하였다. 그럼 에도 불구하고 이 법안은 학교 교육과정을 기반으로 한 학교 내 운 영 · 편성 · 평가의 근거가 되었으며, 대학입학전형에는 선행 출제 및 평가를 감소하는 등 규제효과가 있었다. 「공교육정상화법」이 실효성을 갖기 위해서는 공교육을 정상화한다는 것이 무엇인지에 대한 사회적 합의가 필요하며, 공교육의 질을 높일 수 있는 교원양성제도를 개편하는 등 「공교육정상화법」의 면밀한 모니터링이 필요하다. 또한 「공교육정상화법」은 공교육뿐만 아니라 모든 교육기관을 포함하여 공동의 책무를 가질 수 있는 방안이 필요하다.

둘째, 방과후학교 정책은 대체로 사교육을 경감시키는 가장 효과적인 정책 중 하나이지만 그 효과는 학교급별로 다른 양상을 보인다. 초등학교와 중학교의 방과후학교 참여는 고등학교에 비해 사교육 참여율와 사교육비 감소에 효과가 있었다. 반면, 고등학교의 방과후학교 참여는 사교육 참여율 감소에 직접적인 영향이 없으나, 사교육비 지출에는 유의미한 영향을 미치는 것으로 나타났다. 방과후학교 정책과 관련하여 초등돌봄교실 정책을 살펴보면, 초등돌봄교실은 사교육 경감 효과가 대체적으로 큰 편이며, 특히 맞벌이 가정 자녀의 돌봄교실 참여가 사교육 참여 시간과 사교육비 경감에 유의한 효과가 있었다. 그러나 초등돌봄교실은 방과후학교와 마찬가지로 질적인 측면에서 만족스러운 수준이 아니었기 때문에 강사진과 교육내용의 개선이 필요한 상황이었다. 방과후학교와 초등돌봄교실의 질적 제고를 하기 위해서는 교육과정 연계를 통한 교육적 기능을 보완하고, 각 학교별 학부모 수요에 따른 다양성과 자율성을 허용하며 모범사례를 발굴해 전파하는 것이 필요하다. 또한 방과후학교의 보충 또는 심화학습을 강화하고, 학교 교육과정이 추구하는 목적에 적합한 교육내용과 교육방법의 질적 확대가 필요하다.

셋째, EBS 관련 정책을 살펴보면, EBS 수능강의 연계와 교과별 EBS 강의는 사교육 경감 효과가 기대된다. EBS 수능강의 정책은 사교육비를 유의하게 감소시켰으나, 의도치 않은 부작용으로 인해 사교육 확장 기회로 작용하기도 하였다. 교과별로는 영어교과의 사교육 경감 효과가 없었으나, 수학교과와 국어교과에서 사교육 경감 효과가 크다는 것을 알 수 있었다. 그러나 EBSe 서비스의 상용화에 따른 영어 사교육비 절감 효과는 초등·중학교에서 EBS 강의 활용으로 영어 사교육을 감소시킬 여지가 있다는 것을 시사하고 있다. EBS 강의를 통해 사교육비를 경감하기 위해서는 EBS 수능강의를 교육과정과 연계하여 암기식이 아닌 비판적 사고력을 키울 수 있는 수업으로 구성해야 하며, 교과별 강의의 질을 높여 학생의 개별 맞춤형 교육을 할 수 있는 단계별 심화학습이 요구된다. 또한 EBS 강의를 통해 지역별로 사교육을 받기 어려운 중소·읍면 지역 학생의 교육격차를 줄일 수 있으므로 전 지역에 EBS 강의 보급 및 활성화 방안이 필요하다.

이렇듯 사교육 경감 정책은 긍정적인 영향이 있는 반면에 부작용을 불러일으키기도 한다. 사교육 경감 정책의 실효성을 높일 수 있도록 가정, 학교, 사회 등 다각적인 차원에서 고려할 필요가 있다. 특히 오늘날의 사교육 문제의 본질은 교육에 나타난 경제적 현상이다. 사회에서 고임금을 받기 위해서는 상급학교로 진학해야 하며, 이를 위해 학생은 더 높은 성적을 받기 위해 치열한 경쟁을 하게 된다. 남들보다 더 좋은 상급학교에 진학하려는 학생과 학부모의 교육열과 더불어, 학교에서의 교육과정과 맞지 않는 수업 운영 과 평가로 인한 공교육의 문제점 또한 사교육을 부추기고 있다. 정부의 사교육 경감을 위한 교육 정책은 학교급이나 교과에 부합하게 다소 전향적인 교육 정책으로의 변화가 요구된다. 방과후학교 와 돌봄학교에서는 개별학습 및 맞춤식 교육 강화, 기초학력 부진학생 책임지도 등을 통한 질적 제고를 하고, EBS 강의는 사교육과 차별화하여 경쟁력이 있는 온라인 교육 콘텐츠를 개발하여 보급할 필요가 있다. 이러한 사교육 경감 정책이 제 기능을 하기 위해서는 학교와 사회 전반적으로 학교교육 내실화의 중요성을 인식할 수 있도록 「공교육정상화법」에 의거하여 초·중·고등학교와 대학 입시전형에서 학교 교육과정에 맞는 운영 및 평가가 이루어져야 하며, 학원의 과대·허위 광고를 규제할 수 있어야 한다. 이를 통해 공교육이 정상화됨으로써 자연스레 사교육이 경감될 것이다.

제4장

한국 사교육의 함의와 과제

제3장에서는 사교육 정책의 변화를 알아보기 위해 통계청과 교육부에서 주관한 초·중·고 사교육비 조사가 시작된 2007년을 기점으로 각 정부, 즉 노무현 정부(2003~2008), 이명박 정부(2008~2013), 박근혜 정부(2013~2017), 문재인 정부(2017~2022)의 주요 사교육 정책과 주요 사교육 경감 정책을 살펴보았다. 그 세부적인 내용으로 각 정부의 사교육 정책의 변천과정을 기술하고, 특히 주요 사교육 경감 정책인 「공교육정상화법」, 방과후학교, EBS 수능연계 정책에 대해 논의하였다.

　사교육의 공급과 수요에 미치는 요인은 경제적, 사회적, 문화적으로 매우 다양하며 그러한 요인들을 공교육에서 모두 다루는 것은 불가능하다. 지난 10년간 사교육의 증가 원인을 공교육의 실패나 공교육의 질 문제로 돌리는 단순한 판단과 분석은 적절하지 않다. 다만 공교육의 역할과 관련하여 최근 10년간 일반교과의 참여 학생 1인당 사교육 지출액이 지속적으로 증가하고 있다는 점과, 사교육 참여율이 2017년부터 증가세로 전환된 점은 보다 면밀히 원인을 분석하여 학교교육 정책에 반영할 필요가 있다.

　이 장에서는 한국 사교육의 실태와 사교육 경감 정책의 교육적 함의 및 해결 과제에 대해 논의하고자 한다.

1. 교육적 함의

1) 한국 사교육 실태와 관련된 함의

지난 10년간 사교육 실태 조사 결과, 사교육비의 총규모, 교과별, 학교급별 사교육비 및 사교육 참여율 등 조사 항목 대부분에서 증가 추세를 보이고 있는 것으로 나타났다. 이러한 사교육 증가 추세가 부족한 학교교육 때문인지, 가처분 소득증가 때문인지와 사교육의 질적 수준 향상이 사교육에 대한 수요를 증가시킨 것인지, 아니면 4차 산업혁명과 사회문화적 변화에 의해 별도의 학습 수요가 창출된 것인지 등 조사 항목별로 원인에 대한 다각적인 조사와 분석이 필요할 것으로 판단된다. 다만, 지난 10년간 사교육의 증가 원인을 공교육의 실패나 공교육의 질적 문제로 돌리는 단순한 판단과 분석은 적절하지 않다. 사교육의 공급과 수요에 미치는 요인은 경제적, 사회적, 문화적으로 매우 다양할 수 있으며 그러한 요인들을 공교육이 모두 담당할 수도 없기 때문이다.

그렇지만 공교육의 역할과 관련하여 최근 10년간 일반교과의 참여학생 1인당 사교육 지출액이 지속적으로 증가하고 있다는 점과, 사교육 참여율이 2017년부터 증가세로 반전된 점은 보다 원인을 면밀하게 분석하여 학교교육 정책에 반영할 필요가 있다. 그중 2017년부터 일반교과 사교육 참여율이 늘어난 것은 최근 몇 년 전부터 사회현상으로 본격화된 4차 산업혁명으로 인해 인공지능, 로봇, 사물인터넷 등에 대한 학습 수요가 크게 증가한 것을 그 배경으로 분석할 수 있다.

한편, 전반적인 소득의 성장과 그에 따른 문화적 관심의 증대로 인해 예체능 사교육이 증가하고 있다. 특히 2020년 우리나라의 공식적인 선진국 진입의 인정과 폭발적인 K-컬쳐 현상으로 대표되는 문화적 발전이 예체능 교육에 대한 수요 증가로 나타난 것이므로, 일견 사교육 증가를 긍정적으로 해석할 만한 부분이 있다. 따라서 앞으로 아동, 청소년의 문화 향유권을 충족하기 위한 예체능, 취미 · 교양 분야의 사교육을, 입시경쟁에서 뒤지지 않게 하기 위해 일반교과 사교육과 동일한 카테고리에 넣어 조사 · 분석하는 것이 과연 타당한지에 대해서는 진지한 검토가 필요하다.

이 문제는 소득수준별 인당 사교육비의 집계와 해석에 직접 영향을 미치기도 한다. 예를 들어, 초등학생의 경우 소득수준 800만 원 이상이 58.7만 원으로 가장 많이 지출하였고, 700~800만 원 미만이 47.2만 원이었다. 반면에 200만 원 미만은 21.2만 원으로, 사교육비 불평등이 최대 약 2.8배에 달하였다. 그러나 여기서 고소득층의 문화 향유를 위한 예체능, 취미 · 교양 사교육비의 평균 20.3만 원을 제외한다면 일반교과의 사교육비 불평등 비율은 상당히 낮아지게 된다. 물론 교육 복지적 측면에서 보면 저소득층 아동도 예체능 사교육을 받는다면 더욱 좋겠으나, 이는 사교육이 아닌 지자체의 다양한 예체능 교육지원으로 보완할 수도 있다. 그렇다고 해서 본 연구는 사교육비적 측면에서 소득계층 간 불평등이 심각함을 부정하지는 않으며 적극적인 완화 대책이 마련되어야 한다는 입장이다. 다만 대학진학 등 진로 개발을 위한 사교육과 문화 향유 수준을 높

이기 위한 예체능, 취미·교양 사교육을 동등하게 취급할 때 실제
와는 다소 다른 분석 결과가 나올 수 있다는 점을 지적한다.

2) 사교육 정책과 관련된 함의

각 정부별 사교육 정책을 비교·논의한 결과에서 따라 나오는
함의는 다음과 같다. 첫째, 사교육비 급증에 대응한 정부 차원의
종합대책 마련이 시급하다. 정부는 사교육비가 점점 증가하는 추
세에 효율적으로 대응하기 위한 선제적인 '사교육비 경감 종합대
책'을 마련해야 한다. 지금까지 사교육 정책은 거시적인 교육목적
이나 방향에 비추어 마련되어 왔다기보다는 각 정부별 상황에 맞
게 급조된 것으로서의 성격이 강하다. 물론 종합대책을 마련하더
라도 단기간에 사교육비가 감소되지는 않을 것이다. 그러나 수년
동안 감소하던 사교육비 총액과 사교육 참여율이 2017년부터 증
가하고, 사교육비 총액이 전년 대비 7.8%(2019년), 21.0%(2021년)
로 급증하는 상황에서 별도의 종합대책이 마련되지 않은 것은 문
제가 있다.

또한 정부 차원의 종합대책 마련은 그 의미가 적지 않다. 정부 차
원의 대책마련은 소관부처인 교육부에서는 물론이고 유관부처와
시·도 교육청, 학교, 교원 등의 관심과 역량이 집중될 수 있다. 지
난 2008년부터 2012년까지 네 차례의 사교육비 종합대책이 마련되
었으며, 첫 대책 마련 1년 후인 2010년부터 2015년까지는 매년 연
속해서 사교육비 총액이 감소하였다. 사교육비에는 여러 가지 요

인이 영향을 미치므로 종합대책만의 효과라고 할 수는 없으나, 종합대책이 사교육비 감소 기간과 겹친다는 것은 확인할 수 있다.

사교육비 증가의 문제는 더 이상 개인의 노력으로 해결할 수 있는 문제가 아니다. 사교육비 증가뿐 아니라 소득별 사교육비 지출 격차가 점점 벌어지고, 그것이 나아가 교육격차, 사회적 불평등으로 이어지는 현상은 정부가 국가적인 수준에서 사교육비 경감을 국정과제로 선정하여 추진할 필요가 있음을 보여 준다. 국정과제로 추진되면 교육부를 포함한 유관부처와 시 · 도 교육감, 새롭게 출발할 예정인 국가교육위원회 등도 사교육비 경감에 관심을 갖게 될 것이다. 일선 학교 교원들의 역량에 국민적 관심과 참여가 더해진다면, 지역과 계층에 관계없이 사교육 의존도가 커지는 현실을 개선하고 사교육비 경감의 계기를 마련할 수 있을 것으로 기대된다.

둘째, 정부는 초등학교 사교육비 경감을 위해 방과후학교 활성화 정책을 마련해야 한다. 사교육비 조사 통계에 의하면 전체 사교육비에서 초등학교 사교육비가 차지하는 비중이 점점 높아지고 있다. 2021년 초등학교 사교육비 총액(38.3% 증가), 1인당 월평균 사교육비(39.4% 증가), 사교육 참여학생의 1인당 월평균 사교육비(18.5% 증가), 사교육 참여율(12.3% 증가), 주당 사교육 참여 시간(2.2시간 증가) 등이 크게 증가하였다. 따라서 초등학교 사교육비를 감소시키기 위해 방과후학교 참여율 및 만족도 제고 등 방과후학교 활성화 대책을 입법 추진할 필요가 있다(이덕난, 유지연, 2022: 25).

앞에서 살펴본 것처럼 학부모들이 사교육을 시키는 데에는 심리적 불안과 다른 학생과의 경쟁 심리 등이 큰 영향을 미치고 있다.

코로나19 이전에도 중학교 자유학기제 전면 도입, 2025년 고교학점제 전면 도입 추진, 2025년 자사고 및 외고·국제고 폐지 예고, 수능 중심의 정시 모집 비율 확대 등 대입제도의 급격한 개편, 변화될 제도 속에서의 학교교육에 대한 신뢰 저하 등이 학부모에게 심리적 불안감을 준 것으로 나타났다(권수진, 2018. 1. 29.). 그리고 코로나19 이후 원격수업의 확대로 학교에 있는 시간이 감소되고, 교육의 질적 저하 및 학습결손에 대한 우려 등으로 인해 학부모의 심리적 불안감이 더 커진 것으로 해석된다.

이러한 심리적 불안과 경쟁 심리를 완화하는 데 방과후학교를 활성화하고 초등 방과후 돌봄과 연계하는 것이 도움이 될 수 있다. 방과후학교에 교과교육 관련 프로그램을 포함하는 것도 사교육 경감에 효과적이다. 지난 2009년부터 2012년까지는 현직 교원 담당 프로그램을 확대하였는데, 당시 초등학교 사교육비 총액은 연간 10.4조 원에서 7.8조 원으로 급감하였다. 그러나 2017년부터 2021년까지는 초등학교 사교육비 총액이 8.1조 원에서 10.5조 원으로 다시 급증하였다. 초등학교 사교육비에 여러 가지 요인이 영향을 미치므로, 방과후학교 활성화만이 경감 효과가 있다고 보기는 어려우나, 적어도 방과후학교 활성화가 초등학교 사교육비 경감에 긍정적인 영향을 미쳤다고는 볼 수 있다. 따라서 장기적인 관점에서 봤을 때, 사교육비 경감을 위하여 학생들이 학교에서 돌봄 및 교육을 받을 수 있는 기회와 시간을 확대할 필요가 있다(이덕난, 유지연, 2022: 25).

초등 방과후학교는 정규 교육과정이 종료된 이후 초등돌봄으로 넘어가기 전인 중간단계의 활동이며, 초등돌봄에 비해 교육 프로그램이 추가되는 활동이다. 그러므로 방과후학교 프로그램 및 운영시간을 확대하는 것만으로는 학부모의 참여율과 만족도를 제고하기 어렵다. 사교육으로 향하는 학생·학부모의 시간을 학교로 돌릴 수 있도록 하기 위해 교과교육 관련 강좌 확대 및 현직 교원 담당 프로그램 확대 등 수요자 요구를 적극 반영할 필요가 있다.

현재 방과후학교에 관한 법률적 근거는 부재한 상황이다. 「선행교육규제법」 제8조에 방과후학교 과정에서의 선행교육 및 선행학습 유발행위 금지 등이 규정되어 있으나, 방과후학교의 정의나 운영 등에 대해서는 규정되어 있지 않다. '2005 개정 초·중등학교 교육과정'(교육부 고시)에서 '학교 교육과정 편성·운영'의 '1. 기본사항'에 "학교는 학생과 학부모의 요구를 바탕으로 방과후학교 또는 방학 중 프로그램을 개설할 수 있으며, 학생들의 자발적인 참여를 원칙으로 하도록"(교육부, 2015a)이라고 규정되어 있으며, 이를 근거로 운영하고 있는 실정이다.

그러므로 「초·중등교육법」을 개정하여 방과후학교의 체계적·안정적 운영에 관한 조항을 신설하는 입법 방안을 추진할 필요가 있으며, 이 경우 학교장이 수요자의 요구를 적극 반영할 수 있도록 프로그램 개설 및 현직 교원의 참여 지원, 교원 외의 종사자 등 운용의 자율성 등을 보장하는 방안을 검토할 필요가 있다.

셋째, 사교육비 경감에 효과적인 교육 정책의 적용에 유의할 필요가 있다. 어떤 교육 정책의 변화가 사교육비 경감에 효과가 있는지에 대해서는 다양한 주장이 있다. 연구에 따라 서로 상반된 주장이 제기되는 경우도 상당하다(김정근, 2020: 145-148). 그러나 대학입시 등 주요 교육 정책의 변화가 사교육비에 상당한 영향을 준다는 주장에 대해서는 학계는 물론이고 국민들의 인식에서도 공감대가 형성되어 있다. 사교육비에 대해서는 심리·정서적 영향이 크다는 점도 주의해야 한다.

이를 종합적으로 고려할 때 국민 전체 또는 학부모들이 사교육비 경감에 효과가 크다고 인식하는 교육 정책을 적용하는 방안을 추진할 필요가 있다. 특히 사교육비가 감소 추세에 있었던 시기에 적용된 교육 정책에 대해 보다 관심을 가질 필요가 있다.

국민과 학부모들이 사교육비 경감에 가장 효과적인 정책으로 꼽은 대표적인 사례는 EBS 수능연계 정책이다. EBS 수능연계는 노무현 정부와 이명박 정부, 박근혜 정부 시기의 사교육 경감에 효과적이었던 것으로 평가된다. 이에 대해 교육부는 2019년에, EBS 수능연계가 고교교육 정상화를 저해한다는 주장을 일부 반영하여 종전의 수능시험 70~80% 수준 반영에서 50% 수준 반영으로 EBS 수능연계를 축소하겠다고 발표하였다. 그러나 공교롭게도 2019년과 2021년에 사교육비 총액, 사교육 참여율, 사교육 참여학생의 1인당 월평균 사교육비는 크게 증가한 것으로 나타났다.

그 외에도 일반국민과 학부모들이 사교육비 경감 효과가 있는 정책으로 EBS 강의, 대입전형 단순화, 선행교육 규제 정책, 방과후학교(초등돌봄교실 포함) 운영, 과제형 수행평가 금지 등을 꼽은 것으로 나타났다. 일부 학부모들은 고교체제 단순화(자율형 사립고등학교와 외국어고등학교·국제고등학교의 축소 또는 폐지), 영어 수능시험 절대평가 도입 등이 효과적이라고 인식하였다.

물론 일반국민과 학부모들의 인식 조사 결과만으로 해당 교육
정책의 적용 여부를 검토하자는 것은 아니다. 적어도 사교육비 변
화 추이와 일반국민이나 학부모의 인식 등에 대해 면밀하게 분석
하는 연구용역을 교육부에서 실시하고, 그 결과를 기반으로 해당
교육 정책의 적용 여부 및 변경 등에 대해 점검할 필요가 있다는
것이다. EBS 수능연계 정책에 대해서는 보다 적극적인 검토 및 적
용이 요구된다. 이는 다른 학생과의 경쟁을 위한 무분별한 사교육
비 지출확대와 사교육비 지출에 따른 계층 간 교육격차를 방지하
는 데에도 긍정적인 영향을 줄 수 있다.

넷째, 선행학습 및 사교육비 유발 영향평가 개선을 위한 법률 개
정이 필요하다. 현재 고교 및 대학입학전형 등에 대해 「선행교육
규제법」에 따른 선행학습 유발 영향평가가 실시되고 있다. 「선행
교육규제법」의 제정 이유에는 "사교육을 통한 선행학습은 학교의
수업시간에 공정한 경쟁이 이루어지지 못하게 하고, 학생의 창의
력 계발 및 인성 함양을 포함한 전인적 교육을 통하여 인간다운 삶
을 영위하게 하는 교육목적에도 어긋나며, 교사들의 정상적인 수
업을 방해하는 폐단을 낳고 있다."라는 점이 포함되어 있다. 「선행
교육규제법」의 입법 목적에는 사교육비 경감도 포함되어 있음을
알 수 있다(이덕난, 2020: 4-7).

그러나 「선행교육규제법」 유발 영향평가는 고교 및 대학입학전
형에서 선행 출제 및 평가금지 위반 행위에 초점이 맞추어져 있다.
그것이 결과적으로도 금지 위반 행위 감소에 효과가 있었던 것으

로 나타났으나, 그것에서 사교육비 감소 효과는 찾기 어려웠다. 이에 선행학습 유발 영향평가에 사교육비 유발에 미치는 영향을 추가하도록 「선행교육규제법」을 개정하는 방안을 강구할 필요가 있다. 현행 「선행교육규제법」 제9조에는 초·중·고교 입학전형이 선행학습을 유발하는지에 대한 영향평가를 학교장이 실시하도록 되어 있다. 그리고 제10조는 대학입학전형에서 대학별고사(논술 등 필답고사, 면접·구술고사, 실기·실험고사 및 교직적성·인성검사 등)가 선행학습을 유발하는지에 대한 영향평가를 대학의 장이 실시하도록 되어 있다.

그러므로 「선행교육규제법」 제9조 및 제10조를 각각 개정하여 "입학전형이 선행학습 및 사교육비를 유발하는지에 대한 영향평가를 해당 학교 및 대학의 장이 실시하도록" 규정하는 방안을 검토할 수 있다. 보다 근본적으로는 「선행교육규제법」에 별도의 조항을 신설하여 "교육부장관이 학교 및 대학입학전형제도 등 대통령령으로 정하는 바에 따른 주요 교육 정책을 변경할 때에 선행학습 및 사교육비를 유발하는지에 대한 영향평가를 실시하고, 그 결과를 국회에 보고하도록" 규정하는 방안을 검토할 필요가 있다.

지금까지 각 정부의 사교육 정책은 사교육을 억제하거나 사교육비를 경감하는 관점에서 공교육을 보완하고 국민들의 사교육 수요를 관리하는 관점으로 인식의 전환이 필요하다는 것을 살펴보았다. 공교육 정상화를 통한 사교육비 경감 정책은 실효성 없이 오랫동안 지속되어 왔다(김정근, 2020: 174). 공교육 정상화는 학생들이 다양한 잠재능력을 개발하고 창의적인 인간으로 성장하도록 하는 교육 정책의 기본적인 목표이자 방향이다. 단지 사교육비 경감을 위한 하위 정책으로 공교육 정상화 정책을 추진하는 것은 본말(本末)이 전도된 것이라 할 수 있다. 오히려 사교육비 경감을 위한 공교육 강화의 대책이 역설적으로 공교육을 왜곡시켜 온 부분도 없지 않다. 일례로 학교 안에서의 사교육 흡수 프로그램이나 계획 등으로 교사들이 정규 교육과정 이외의 별도의 프로그램 준비를 하다가 피로감이 가중되어 오히려 정규교육을 부실하게 만든 측면도 없지 않다. 사교육비 경감대책으로서의 공교육 정상화를 강조할 것이 아니라, 변화되는 세상에서 학생들의 미래역량을 개발하기 위한 학교교육을 정상화하고 내실화해야 한다. 학교교육이 내실 있게 운영되어도 입시경쟁으로 인한 사교육은 불가피하다는 것을 인정하되, 학교 밖 사교육을 받지 않아도 되는 학교수업과 평가를 지속적으로 보완해 나가야 할 것이다. 이로써 공교육과 사교육이 대립적인 관계라는 관점에서 벗어나 학생의 웰빙에 있어 상호보완적인 역할을 할 수 있도록 정책적 대안을 마련하여 추진해 나가야 한다.

🖥 2. 정책 과제

학교는 공교육을 위해 별도로 만들어진 기관인 만큼 전인 형성이라는 교육의 본질에 충실할 뿐 아니라, 학교에서 교육을 받는 다양한 수요자의 요구를 충족시키기 위해서 부단히 노력해야 한다. 그러나 오늘날의 사교육은 교육의 본질에 대한 관심에서 비롯된 것이라기보다는 교육을 경제적 수단, 즉 미래의 투자로 간주한 결과이고, 사교육비가 증가하는 것은 경제 문제가 사회현상으로 확대된 것이다. 이 문제의 해결방안을 모색하기 위해서는 사교육 현상을 설명하고 처방하는 것에 대한 학교, 가정, 사회 수준의 복합적인 관점이 요구된다.

1) 학교 수준의 과제

학교는 공교육을 위해 별도로 만들어진 기관인 만큼 총체적 인간을 기르는 교육의 본질을 추구해야 할 뿐 아니라 학교에서 교육을 받는 다양한 수요자의 요구를 충족시키기 위해서 부단히 노력해야 한다. 이러한 노력에는 다음의 몇 가지가 포함된다.

첫째, '모두를 위한 교육(education for all)'을 지향할 필요가 있다. '모두를 위한 교육'이라는 것은 아무도 소외되지 않는 소극적 의미의 교육을 넘어서 모두에게 각 학교급에 부합하는 교육적 요구를 충족시키는 교육을 의미한다. 물론 이것의 실현은 우리나라 학교 현실에서 결코 쉬운 일이 아니지만, 학교가 교육기관인 한 그것을 늘 의식하고 지향해야 한다. 학교는 우수한 학생의 요구도 충족시켜야 하지만, 특히 소외계층이나 기초학력 부진아 교육에 관심을 기울일 필요가 있다. 기초학력 부진을 최소화하기 위해서는 각 학교급의 초기, 특히 초등학교 1~2학년 초기 단계에서 학습부진 학생이 생기지 않도록 철저히 진단하고 관리하는 일이 요청된다. 이 시기에 학습부진이 발생하게 되면, 학교급이 올라갈수록 더 교육에 흥미를 잃게 되어 학교교육을 따라가지 못하고 사실상 학업을 포기하거나 사교육에 의존하게 된다. 저소득층의 학생이나 기초학력 부진학생들의 학력 격차를 감소시키려는 노력은 정규수업만으로는 부족하며, 방과후활동이나 돌봄교실 등을 활용하여 보완할 수 있다. 방과후학교 프로그램은 '특기 및 적성 교육'이라는 획일적인 사고에서 벗어나, '기초학력보장+특기·적성+학습관리' 등 학교의 상황에 맞게 그 운영방식을 다양화할 필요가 있다. 이것은 초등학교 1~2학년 영어 방과후 허용, 원어민강사제도 도입, 영어 기초학력 부진학생 책임지도, 방과후 프로그램의 활성화 정책에 대해 학부모들이 긍정적으로 인식하고 있는 것에서도 확인할 수 있다. 그리고 방과후학교의 내실화를 위해서는 EBS의 다양하고 질 높은 콘텐츠와 프로그램을 적극 활용할 필요가 있다.

둘째, 개인별 및 수준별 맞춤형 교육의 도입·확대다. 학생들이 사교육을 하는 이유는 사교육에서 수준별 맞춤 교육이 가능하기 때문이다. 우리나라는 거의 모든 청소년이 고등학교를 졸업하고, 일반고등학교는 대부분 추첨형태로 배정받기 때문에 각 학교에는 다양한 수준의 학생들이 섞여 있다. 이러한 상황에서 교사는 모든 학생의 수준을 고려한 수업을 하지 못하고 있으며, 따라서 학생마다 수업만족도가 천차만별인 실정이다. 이러한 상황에서 획일적인 수업은 교사와 학생 어느 쪽도 만족스럽지 못하며, 또한 교육적이지도 않다. 그러므로 학교는 학생의 수준 차이가 많이 나는 교과부터 점진적으로 개인별·수준별 맞춤형 수업을 도입할 필요가 있다. 맞춤형 수업은 정규수업 시간에 하는 것이 바람직하다. 가령

수업시간에 교사가 일정 시간 동안 공통적으로 알아야 할 내용을 가르친 다음, 나머지 시간은 학생의 수준에 따라 보충수업 또는 심화수업을 하는 것이다. 맞춤형 수업을 정규수업에 전면적으로 도입하는 것이 어려운 경우, 점진적으로 맞춤형 수업을 확대해 나가고, 대신 방과후학교에서는 맞춤형 수업을 적극적으로 도입할 수 있을 것이다. 학교는 맞춤형 수업을 위한 질 높은 온·오프라인 교육 콘텐츠를 다양하게 개발할 필요가 있다. 이러한 맞춤형 교육은 또한 학생들의 자기주도학습 능력을 향상시킴으로써 사교육 의존도를 줄이고, 나아가 공교육의 정상화와 내실화를 가져올 것이다 (유재봉, 이수정, 강문숙, 유지선, 김동화, 2020a).

셋째, 대학입시 제도의 점진적·합리적인 개선이다. 좋은 상급 학교로 진학하려는 교육열이 높은 우리나라에서 최대의 관심사는 대학입시다. 모든 학부모와 학생이 대입전형에서의 성공을 위해 공부하고 투자를 한다고 말해도 그것은 과언이 아니다. 영어와 수학 과목은 현행 대학입시전형에서 가장 큰 비중을 차지하는 평가의 가장 중요한 잣대다. 이러한 이유가 수학과 영어 사교육비와 사교육 참여율의 상승을 주도하고 있다고 볼 수 있다. 주요교과의 사교육을 경감시키기 위해서는 절대평가를 점진적으로 도입할 필요가 있다. 대학수학능력시험에 절대평가를 도입할 때 먼저 영어 절대평가 도입의 경험을 참고할 필요가 있다. 수능에서 영어 절대평가가 처음 도입되었을 때 영어 사교육이 줄어들었으나, 대신 국어의 사교육이 늘어나는 경향이 있었다. 그러나 영어 절대평가가 도입된 후 영어 시험의 난이도는 더욱 높아지고, 여전히 대학입시에서 영어를 중시함에 따라 영어 사교육이 다시 늘어났다. 마찬가지로 수학 과목의 절대평가 도입은 일시적으로 사교육비를 감소시킬 수 있을 것이다. 이러한 정책이 효과적이기 위해서는 절대평가 과목의 난이도를 안정화하는 일이 요구되며, 변별력을 높인다는 명목하에 문항 난이도를 높이지 않도록 관리할 필요가 있다. 아울러 교육당국은 학교시험을 국가 교육과정 성취수준 내에서 출제하도록 함으로써 내신시험 대비 사교육비가 증가하지 않도록 할 필요가 있다. 보다 장기적으로는 학교시험, 대학수학능력시험 성적을 직업자격과 일치시켜 학습과 직업훈련을 통합하는 방향도 검토해 볼 필요가 있다(유재봉, 이수정, 강문숙, 유지선, 김동화, 2020a).

2) 가정 수준의 과제

우리나라 사교육의 증가는 한국의 직업군에 따라 임금이 높고 더 좋은 직업을 찾기 위한 목적으로 좋은 상급학교를 진학하는 우리의 사회적, 문화적인 욕구와 맞물려 있다. 학부모의 교육열은, 학원문화에 따른 불안심리가 작동되면서, 거주지역과 소득수준에 따라 사교육의 참여율이 높아지는 양상으로 이어진다. 이에 학생의 가정 수준을 고려한 사교육 경감 대책방안이 필요하다.

첫째, 맞벌이 가정을 위한 정부의 관심과 노력이 지속될 필요가 있다. 맞벌이 가정의 경우에는 다른 유형의 가정보다 더 많은 사교육비를 지출하면서 사교육 의존도가 높은 편이다. 맞벌이 가정은 방과후 자녀를 돌보기 위해서나 자녀의 부진한 학습관리를 채

우기 위해 사교육에 의존할 수밖에 없다. 특히 돌봄 목적 사교육은 가계 경제에 부담이 되는 경우가 많으므로 초등돌봄교실을 보다 활성화할 필요가 있다. 학교가 안전한 곳이기는 하지만, 돌봄 업무를 전담하는 데에는 한계가 있다. 서구의 선진국 사례처럼, 학생을 돌보는 것은 학교만의 일이 아니며 지역사회 전체가 함께 협력하고 분담해야 할 일이다. 지역사회는 마을돌봄기관과 돌봄인력, 시설 및 프로그램 등을 공유하고, 돌봄서비스 제공시간 등을 상호 연계하여 운영할 필요가 있다. 학교는 초등학교 내 활용 가능한 교실을 지역사회에 개방하여 지자체 등이 운영하는 돌봄시설을 설치하여 사각지대를 해소하는 일에 동참해야 한다. 예컨대 충청남도 홍성초등학교 1실, 홍주초등학교 2실, 서울특별시 중구 홍인초등학교 3실, 봉래초등학교 2실 등은 지역사회에 개방되어 지자체에서 돌봄교실을 운영하고 있다. 거기에서는 방과후부터 저녁까지 돌봄서비스를 제공할 뿐만 아니라 간식 및 저녁 급식의 무료 제공, 학생 이동을 위한 차량 지원 등이 이루어지고 있다. 이러한 사례가 전국적으로 점차 확대될 필요가 있다.

둘째, 거주지역별로 경제적·사회문화·네트워킹이 다르게 형성되므로, 지역 간 학습격차를 줄일 수 있는 사교육 경감방안이 필요하다. 도시화의 진행정도가 큰 지역일수록 학원이 밀집해 있고 교육 인프라가 잘 구축되어 있으며, 수요자의 접근성이 높기 때문에 사교육비 지출이 높다. 학원가가 형성된 한 지역은 부동산 시장도 활성화될 수밖에 없다. 학원이 밀집된 지역에는 비교육적이고 불법적인 신종 사교육 상품 등을 관리·감독할 수 있는 정책적 개선이 요구된다. 또한 지역균형 선발 전형에서는 수능 최저학력기준을 대폭 완화함으로써 지역 간 격차를 줄일 수 있을 것이다.

셋째, 민주적 양육방식의 확산을 위한 부모교육이 필요하다. 학부모는 부모로서 도리를 다하는 것이 자녀의 학업성취에 도움을 주는 것이고, 자녀가 학업에 실패했을 경우 그것을 부모의 잘못으로 여기는 경향이 있다. 이러한 전통적인 양육태도는 사교육의 참여로 이어진다. 이에 사교육비 지출을 주도하는 고학력, 고소득 부모에게 자녀의 자율성을 존중하는 민주형 양육유형을 확산시킴으로써 사교육비를 점진적으로 경감시킬 필요가 있다.

3) 사회 수준의 과제

사교육을 경감시키기 위해서는 교육부와 시·도 교육청의 노력만으로 소기의 성과를 거둘 수 없다. 한국 부모들이 가지고 있는 독특한 교육열은 우리 사회 전체에 퍼져 있는 현상이기 때문이다. 그러므로 아무리 학교의 풍토가 바뀌고 심지어 대학입시제도가 이상적인 방향으로 바뀐다고 하여도, 사회적 인식이 바뀌지 않으면 사교육의 문제는 해결될 수 없다. 이를 위해서는 사회의 인식 개선을 위한 실질적인 노력이 요구된다.

첫째, 학력지상주의에 대한 사회적 인식과 풍토 개선을 위한 노력이 필요하다. 우리 사회에는 교육의 성과를 학업성적만으로 평가하는 학력지상주의, 좋은 상급학교 진학을 위한 입시 위주의 교육풍토, 경쟁적 문화 등이 깊게 뿌리박혀 있다. 이것은 하루아침에 형성된 것이 아니다. 그것은 오랫동안 우리나라가 가지고 있는 교육열이 왜곡된 현상으로 나타난 것이기도 하다. 제도의 변화와는 달리, 이러한 사회의식을 바꾸는 것은 오랜 시간이 걸리는 일이다. 이 점을 고려하여 국민의 의식을 변화시키는 장기적인 계획을 세울 필요가 있다.

둘째, 사회인식을 변화시키기 위한 실질적인 조치가 요구된다. 인간 본성의 연약함 때문에 단순한 캠페인으로는 사회의 의식구조가 바뀌기 어렵다. 그러므로 학력지상주의나 경쟁문화를 선호하는 사회인식을 바꿀 수 있는 가시적인 조치가 필요하다. 대부분의 이러한 의식은 대학입시와 관계있기 때문에 명문대학을 비롯한 각 대학의 입학시험 성적을 중시하는 고정관념에서 탈피하도록 할 필요가 있다. 가령 입시전형에서 주요교과의 성적이 아닌 다양한 역량평가를 통해 학생을 선발하는 방안을 생각해 볼 수도 있고, 지금까지의 노력이나 성적보다는 잠재가능성, 즉 대학에서 질 높은 교육을 했을 때의 성장 가능성도 생각해 볼 수 있을 것이다.

대학과 더불어 학력 중심의 인식을 고착시키는 중심축의 역할을 하는 것은 대기업과 같은, 부모와 학생들이 선호하는 기업들이다. 대기업들은 주로 소위 명문대학 출신들을 채용함으로써 이러한 인식을 재생산한다. 이러한 문제를 극복하기 위해서는 학력과 학벌에 따른 고용 및 승진 구조의 개선이 필요하다. 이러한 것에는 블라인드 채용을 확대하고 내실화하는 일, 학력 간 임금 격차를 완화하는 일, 대기업과 중소기업 간의 임금 격차를 줄이는 일 등이 포함된다. 정부와 기업이 협력하여 이러한 풍토를 확산해 나가게 된다면, 대학입시를 위한 경쟁문화도 점차 바뀌게 될 것이다. 이렇듯 사회의 인식이 개선되면, 사교육도 자연적으로 감소할 것이다(유재봉, 이수정, 강문숙, 유지선, 김동화, 2020a).

부록

[부록 1-1] 교과별 사교육 참여율(초등학교)

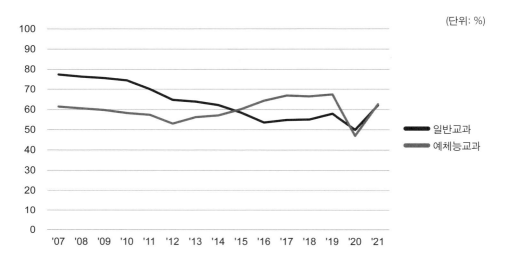

(단위: %)

연도	일반교과	예체능교과
2007	77.4	61.4
2008	76.3	60.5
2009	75.5	59.7
2010	74.4	58.2
2011	70.0	57.4
2012	64.7	53.0
2013	63.8	56.2
2014	62.1	57.0
2015	58.4	60.1
2016	53.5	64.3
2017	54.8	66.8
2018	55.0	66.4
2019	57.9	67.4
2020	49.9	46.9
2021	62.0	62.6

[부록 1-2] 교과별 사교육 참여율(중학교)

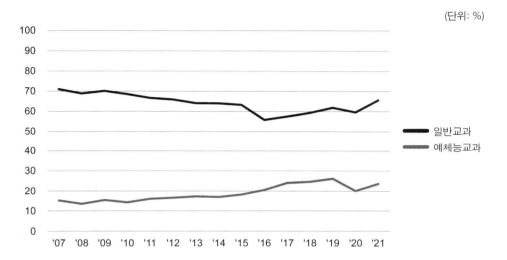

(단위: %)

연도	일반교과	예체능교과
2007	71.0	15.2
2008	68.8	13.5
2009	70.1	15.4
2010	68.5	14.3
2011	66.6	16.1
2012	65.9	16.6
2013	64.1	17.3
2014	63.9	17.0
2015	63.2	18.3
2016	55.8	20.6
2017	57.5	24.2
2018	59.3	24.7
2019	61.8	26.2
2020	59.6	20.2
2021	65.6	23.7

[부록 1-3] 교과별 사교육 참여율(고등학교)

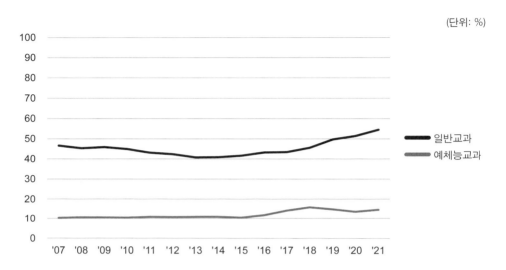

(단위: %)

연도	일반교과	예체능교과
2007	46.6	10.3
2008	45.3	10.6
2009	45.9	10.5
2010	44.9	10.4
2011	43.1	10.8
2012	42.3	10.7
2013	40.8	10.8
2014	40.9	10.8
2015	41.6	10.4
2016	43.2	11.7
2017	43.4	14.1
2018	45.5	15.9
2019	49.7	14.8
2020	51.4	13.5
2021	54.5	14.6

[부록 2-1] 일반교과 참여학생 1인당 월평균 사교육비(초등학교)

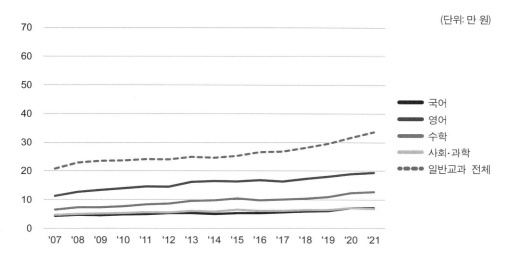

(단위: 만 원)

연도	국어	영어	수학	사회·과학	일반교과 전체
2007	4.3	11.4	6.5	4.7	20.7
2008	4.7	12.8	7.3	5.0	22.8
2009	4.5	13.5	7.3	5.1	23.4
2010	4.8	14.1	7.7	5.3	23.5
2011	4.9	14.7	8.3	5.6	24.0
2012	5.3	14.6	8.6	5.5	23.9
2013	5.3	16.2	9.6	6.0	24.8
2014	5.0	16.5	9.8	5.8	24.5
2015	5.3	16.4	10.5	6.5	25.2
2016	5.3	16.8	9.8	6.0	26.5
2017	5.6	16.4	10.1	6.1	26.7
2018	5.9	17.3	10.4	6.3	28.1
2019	6.0	18.0	11.0	6.4	29.6
2020	7.1	18.9	12.4	7.1	31.7
2021	7.1	19.4	12.8	6.8	33.7

[부록 2-2] 일반교과 참여학생 1인당 월평균 사교육비(중학교)

(단위: 만 원)

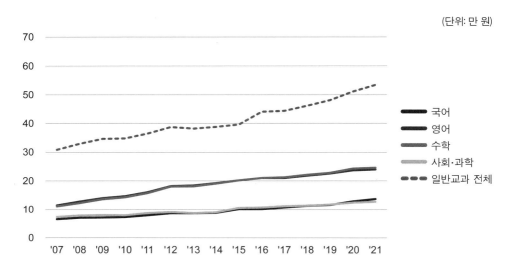

연도	국어	영어	수학	사회·과학	일반교과 전체
2007	6.5	11.5	11.1	7.3	30.8
2008	7.0	12.8	12.3	7.8	32.9
2009	7.1	14.0	13.6	8.0	34.6
2010	7.2	14.7	14.3	7.9	34.8
2011	7.9	16.1	15.8	8.7	36.5
2012	8.6	18.2	18.0	9.1	38.7
2013	8.6	18.4	18.1	8.7	38.2
2014	8.8	19.2	19.1	9.0	38.8
2015	10.1	20.2	20.2	10.6	39.6
2016	10.1	21.0	21.0	10.7	44.1
2017	10.7	21.0	21.2	11.2	44.4
2018	11.3	21.8	22.1	11.4	46.2
2019	11.6	22.6	22.8	11.8	48.1
2020	12.9	23.7	24.3	12.4	51.1
2021	13.7	24.0	24.6	12.7	53.4

[부록 2-3] 일반교과 참여학생 1인당 월평균 사교육비(고등학교)

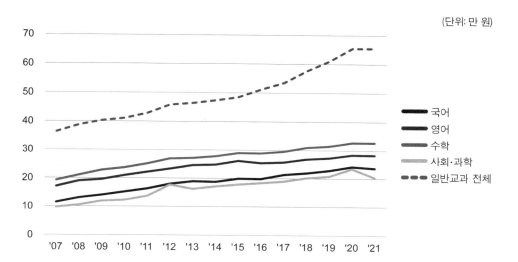

(단위: 만 원)

연도	국어	영어	수학	사회·과학	일반교과 전체
2007	11.5	17.1	19.2	9.7	36.4
2008	13.1	19.0	21.0	10.5	38.8
2009	14.1	19.5	22.7	11.9	40.3
2010	15.3	20.9	23.6	12.3	41.1
2011	16.4	22.1	25.0	13.8	42.9
2012	18.0	23.2	26.8	17.7	45.8
2013	18.9	24.5	27.0	16.3	46.4
2014	18.8	24.7	27.7	17.2	47.4
2015	19.9	26.1	28.9	17.9	48.5
2016	19.8	25.3	28.8	18.4	51.2
2017	21.3	25.6	29.5	19.0	53.5
2018	21.9	26.7	31.0	20.2	57.6
2019	22.8	27.2	31.5	20.8	61.0
2020	24.1	28.3	32.8	23.4	65.5
2021	23.6	28.2	32.8	20.4	65.5

[부록 3-1] 예체능교과 참여학생 1인당 월평균 사교육비(초등학교)

(단위: 만 원)

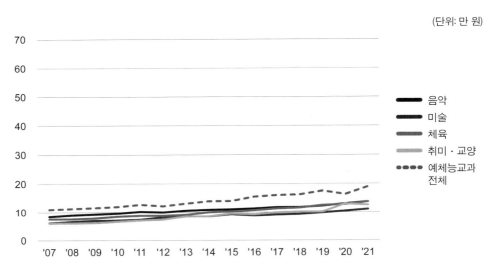

연도	음악	미술	체육	취미·교양	예체능교과 전체
2007	8.5	6.2	7.6	6.0	11.0
2008	9.0	6.6	7.6	6.1	11.3
2009	9.3	7.0	7.9	6.2	11.6
2010	9.6	7.1	8.5	6.6	12.0
2011	10.2	7.4	8.8	7.1	12.7
2012	10.0	8.2	8.8	7.4	12.2
2013	10.6	8.5	9.1	8.5	13.1
2014	10.9	8.5	10.0	8.5	13.9
2015	11.0	9.2	10.3	9.5	14.0
2016	11.3	8.8	10.7	9.2	15.5
2017	11.8	9.1	11.3	9.9	16.0
2018	11.8	9.3	11.6	10.1	16.2
2019	12.3	9.8	12.5	10.1	17.5
2020	13.0	10.4	12.8	13.0	16.3
2021	13.8	11.1	13.8	12.6	19.0

[부록 3-2] 예체능교과 참여학생 1인당 월평균 사교육비(중학교)

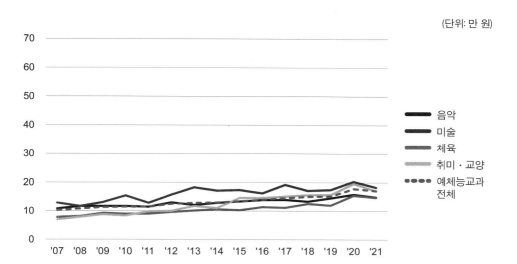

(단위: 만 원)

연도	음악	미술	체육	취미·교양	예체능교과 전체
2007	10.8	12.9	7.8	7.0	10.2
2008	11.7	11.7	8.1	7.9	10.8
2009	11.7	13.1	9.2	8.8	11.3
2010	11.7	15.5	8.9	8.3	11.5
2011	11.5	12.9	9.0	9.8	11.5
2012	13.0	15.8	9.6	10.0	12.5
2013	12.1	18.3	10.1	11.8	12.9
2014	12.9	17.2	10.6	11.0	13.0
2015	13.4	17.4	10.3	14.7	13.5
2016	13.9	16.3	11.4	14.7	14.0
2017	14.0	19.2	11.2	15.2	14.6
2018	13.4	17.2	12.6	15.7	15.1
2019	14.6	17.5	12.0	15.8	15.3
2020	15.9	20.3	15.6	19.6	17.9
2021	15.0	18.3	14.8	17.1	17.2

[부록 3-3] 예체능교과 참여학생 1인당 월평균 사교육비(고등학교)

(단위: 만 원)

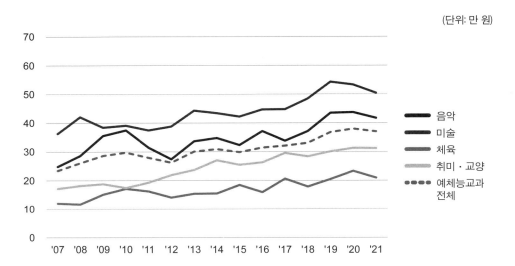

연도	음악	미술	체육	취미·교양	예체능교과 전체
2007	24.8	36.3	12.0	17.1	23.4
2008	28.6	42.1	11.7	18.2	26.1
2009	35.5	38.4	15.1	18.8	28.6
2010	37.5	39.1	17.1	17.4	29.7
2011	31.4	37.5	16.2	19.3	27.9
2012	27.4	38.8	14.1	21.9	26.2
2013	33.7	44.3	15.4	23.7	30.1
2014	34.8	43.4	15.5	27.0	30.9
2015	32.3	42.2	18.5	25.5	29.9
2016	37.2	44.7	15.9	26.3	31.4
2017	33.8	44.8	20.6	29.6	32.1
2018	37.2	48.5	17.9	28.4	33.1
2019	43.5	54.3	20.5	30.1	36.8
2020	43.7	53.3	23.3	31.3	38.0
2021	41.7	50.4	20.9	31.2	37.0

[부록 4-1] 일반교과 참여유형별 사교육 참여율(초등학교)

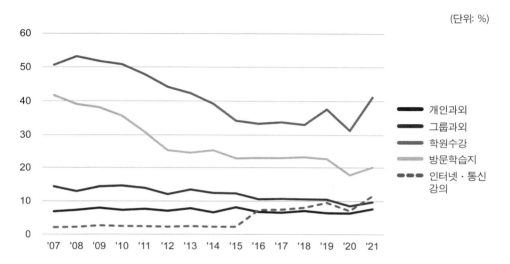

(단위: %)

연도	개인과외	그룹과외	학원수강	방문학습지	인터넷 · 통신강의
2007	6.8	14.4	50.6	41.7	2.1
2008	7.3	13.0	53.2	39.1	2.2
2009	7.9	14.4	51.8	38.1	2.7
2010	7.3	14.7	50.8	35.6	2.5
2011	7.6	14.0	47.8	30.8	2.4
2012	7.0	12.1	44.2	25.3	2.3
2013	7.8	13.5	42.3	24.5	2.5
2014	6.6	12.5	39.2	25.3	2.3
2015	8.1	12.4	34.2	22.8	2.3
2016	6.7	10.6	33.3	22.9	7.3
2017	6.5	10.7	33.8	22.9	7.4
2018	7.0	10.6	33.0	23.2	8.0
2019	6.4	10.5	37.6	22.6	9.5
2020	6.3	8.5	31.3	17.8	7.0
2021	7.6	9.7	41.2	20.1	11.6

[부록 4-2] 일반교과 참여유형별 사교육 참여율(중학교)

(단위: %)

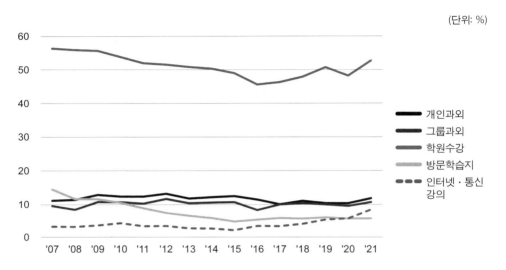

연도	개인과외	그룹과외	학원수강	방문학습지	인터넷 · 통신강의
2007	11.2	9.6	56.4	14.5	3.2
2008	11.4	8.4	55.9	11.7	3.1
2009	12.9	10.8	55.7	11.6	3.6
2010	12.4	10.7	53.8	10.5	4.2
2011	12.4	10.3	52.0	8.9	3.3
2012	13.2	11.7	51.5	7.4	3.4
2013	11.8	10.4	50.8	6.5	2.7
2014	12.2	10.6	50.3	5.8	2.6
2015	12.5	10.7	49.0	4.7	2.1
2016	11.5	8.3	45.6	5.3	3.4
2017	10.1	10.0	46.3	5.8	3.3
2018	11.1	10.4	47.9	5.6	4.0
2019	10.4	10.0	50.7	6.0	5.3
2020	10.4	9.6	48.2	5.6	5.7
2021	11.9	10.7	52.7	5.7	8.4

[부록 4-3] 일반교과 참여유형별 사교육 참여율(고등학교)

(단위: %)

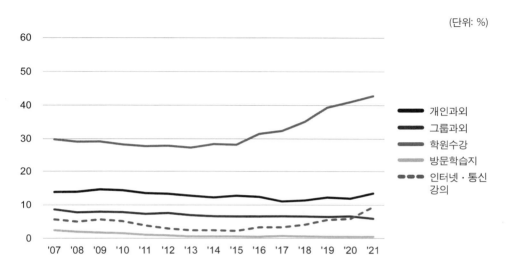

연도	개인과외	그룹과외	학원수강	방문학습지	인터넷·통신강의
2007	13.9	8.6	29.8	2.4	5.6
2008	14.0	7.7	29.1	2.0	5
2009	14.7	7.9	29.2	1.7	5.6
2010	14.4	7.8	28.3	1.5	5.1
2011	13.6	7.3	27.8	1.1	3.8
2012	13.4	7.5	27.9	0.9	2.9
2013	12.8	6.9	27.3	0.6	2.4
2014	12.3	6.6	28.4	0.6	2.4
2015	12.8	6.5	28.2	0.6	2.2
2016	12.5	6.5	31.5	0.5	3.3
2017	11.1	6.6	32.4	0.7	3.3
2018	11.4	6.5	35.1	0.6	4.1
2019	12.3	6.4	39.3	0.5	5.5
2020	12.0	6.6	41.0	0.5	5.8
2021	13.5	5.9	42.8	0.5	9.4

[부록 5-1] 예체능교과 참여유형별 사교육 참여율(초등학교)

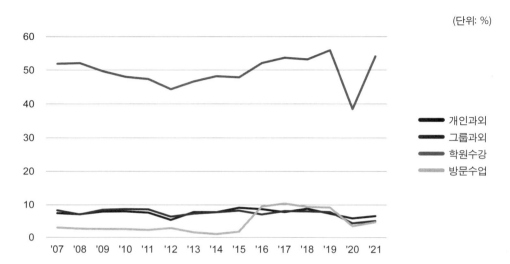

(단위: %)

연도	개인과외	그룹과외	학원수강	방문수업
2007	7.4	8.3	51.9	2.9
2008	7.1	7.0	52.1	2.6
2009	7.9	8.5	49.7	2.5
2010	8.0	8.7	48.0	2.5
2011	7.6	8.6	47.4	2.2
2012	5.3	6.3	44.4	2.8
2013	7.8	7.3	46.7	1.5
2014	7.7	7.7	48.2	1.0
2015	9.1	8.2	47.9	1.7
2016	8.7	7.0	52.1	9.5
2017	7.8	8.1	53.7	10.4
2018	8.8	8.0	53.2	9.4
2019	7.3	7.8	55.9	9.2
2020	5.8	4.3	38.5	3.4
2021	6.5	5.0	54.1	4.6

[부록 5-2] 예체능교과 참여유형별 사교육 참여율(중학교)

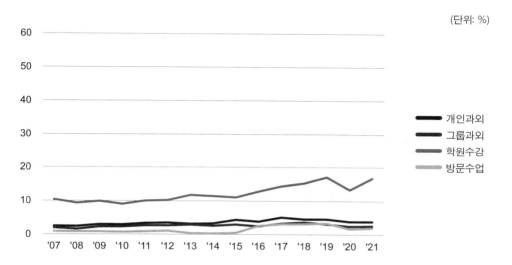

(단위: %)

연도	개인과외	그룹과외	학원수강	방문수업
2007	2.5	2.0	10.4	0.9
2008	2.4	1.6	9.3	0.8
2009	3.0	2.3	9.9	0.8
2010	2.9	2.3	9.0	0.7
2011	3.4	2.7	10.0	0.9
2012	3.5	2.7	10.2	1.1
2013	3.2	2.9	11.8	0.4
2014	3.3	2.6	11.5	0.3
2015	4.4	3.0	11.1	0.5
2016	3.9	2.5	12.9	2.6
2017	5.1	3.3	14.4	3.1
2018	4.6	3.7	15.3	3.2
2019	4.6	3.1	17.1	3.4
2020	3.9	2.5	13.4	1.7
2021	3.9	2.6	16.8	2.0

[부록 5-3] 예체능교과 참여유형별 사교육 참여율(고등학교)

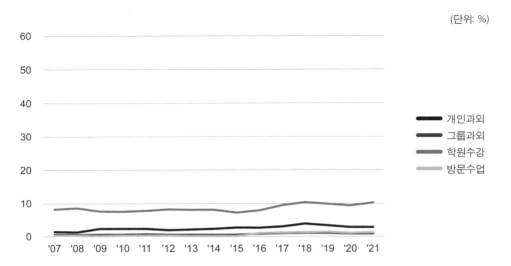

(단위: %)

연도	개인과외	그룹과외	학원수강	방문수업
2007	1.4	0.6	8.2	0.3
2008	1.3	0.5	8.6	0.3
2009	2.3	0.6	7.6	0.2
2010	2.3	0.6	7.5	0.3
2011	2.3	0.7	7.8	0.3
2012	1.9	0.6	8.2	0.3
2013	2.1	0.6	8.1	0.2
2014	2.3	0.5	8.1	0.2
2015	2.7	0.6	7.2	0.2
2016	2.6	0.8	7.9	1.0
2017	3.0	1.0	9.5	1.2
2018	3.8	1.1	10.4	1.3
2019	3.3	1.1	9.9	1.4
2020	2.8	0.9	9.4	1.1
2021	2.8	0.9	10.3	1.3

[부록 6-1] 일반교과 참여유형별 참여학생 1인당 월평균 사교육비(초등학교)

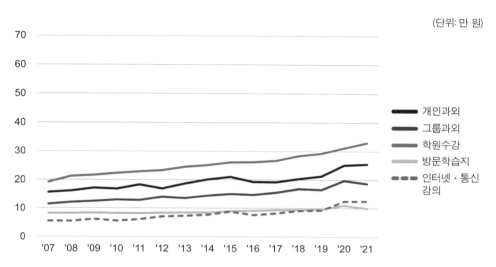

(단위: 만 원)

개인과외
그룹과외
학원수강
방문학습지
인터넷 · 통신 강의

연도	개인과외	그룹과외	학원수강	방문학습지	인터넷 · 통신강의
2007	15.7	11.5	19.2	8.2	5.5
2008	16.2	12.1	21.2	8.2	5.5
2009	17.2	12.5	21.6	8.3	6.2
2010	16.9	13.0	22.3	8.2	5.6
2011	18.3	12.9	22.8	8.1	6.1
2012	17.0	14.1	23.2	8.3	7.1
2013	18.7	13.6	24.4	8.4	7.3
2014	20.1	14.5	25.0	8.4	7.7
2015	21.0	15.1	26.0	8.9	8.8
2016	19.3	14.8	26.1	9.1	7.6
2017	19.2	15.6	26.6	9.4	8.2
2018	20.3	16.9	28.3	9.4	9.1
2019	21.2	16.6	29.2	9.6	9.2
2020	25.0	19.7	31.2	11.0	12.5
2021	25.4	18.7	33.1	10.0	12.6

[부록 6-2] 일반교과 참여유형별 참여학생 1인당 월평균 사교육비(중학교)

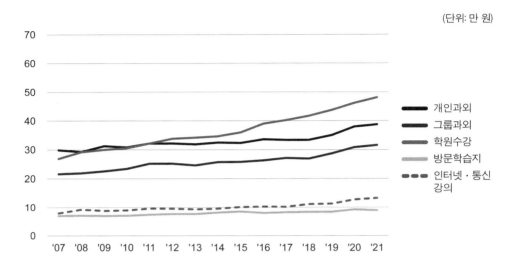

(단위: 만 원)

연도	개인과외	그룹과외	학원수강	방문학습지	인터넷· 통신강의
2007	29.9	21.6	26.9	6.9	7.9
2008	29.3	21.9	29.2	7.1	9.2
2009	31.3	22.6	30.0	6.9	8.8
2010	30.8	23.4	30.5	7.0	8.9
2011	32.2	25.2	32.2	7.4	9.6
2012	32.2	25.2	33.8	7.6	9.5
2013	31.9	24.6	34.2	7.6	9.3
2014	32.5	25.7	34.6	8.1	9.5
2015	32.3	25.8	36.0	8.5	10.1
2016	33.6	26.3	39.0	8.0	10.3
2017	33.4	27.1	40.2	8.2	10.2
2018	33.4	26.9	41.7	8.3	11.2
2019	35.0	28.7	43.7	8.3	11.3
2020	38.0	30.8	46.2	9.2	12.8
2021	38.7	31.6	48.1	8.9	13.3

[부록 6-3] 일반교과 참여유형별 참여학생 1인당 월평균 사교육비(고등학교)

(단위: 만 원)

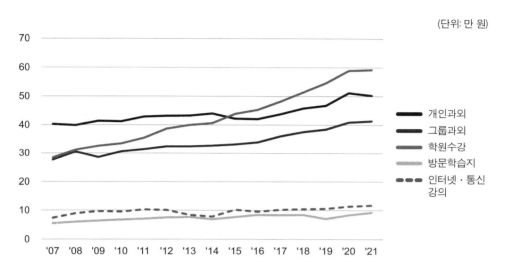

연도	개인과외	그룹과외	학원수강	방문학습지	인터넷 · 통신강의
2007	40.3	27.6	28.4	5.5	7.4
2008	39.9	30.5	31.2	6.0	8.9
2009	41.4	28.5	32.6	6.4	9.7
2010	41.3	30.6	33.5	6.8	9.5
2011	42.9	31.4	35.5	7.1	10.3
2012	43.2	32.5	38.7	7.5	10.1
2013	43.3	32.5	40.0	7.7	8.4
2014	44.0	32.8	40.7	6.9	7.8
2015	42.2	33.2	43.9	7.7	10.2
2016	42.1	34.0	45.3	8.4	9.5
2017	43.8	36.1	48.2	8.3	10.2
2018	45.8	37.6	51.4	8.4	10.4
2019	46.8	38.5	54.6	7.1	10.6
2020	51.2	41.0	58.9	8.3	11.4
2021	50.3	41.4	59.2	9.2	11.8

[부록 7-1] 예체능교과 참여유형별 참여학생 1인당 월평균 사교육비(초등학교)

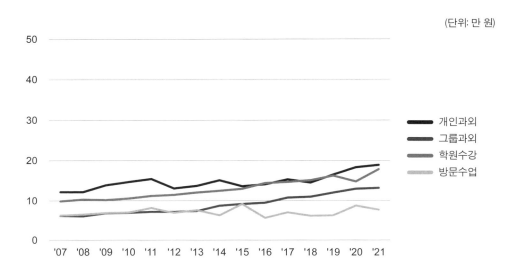

(단위: 만 원)

연도	개인과외	그룹과외	학원수강	방문수업
2007	12.2	6.1	9.9	6.2
2008	12.2	6.0	10.3	6.5
2009	13.9	6.8	10.2	6.9
2010	14.7	6.9	10.6	7.0
2011	15.4	7.2	11.2	8.2
2012	13.1	7.2	11.5	6.9
2013	13.7	7.4	12.1	7.6
2014	15.1	8.8	12.5	6.3
2015	13.6	9.2	13.0	9.2
2016	14.1	9.5	14.4	5.6
2017	15.3	10.8	14.7	7.0
2018	14.5	11.0	15.1	6.1
2019	16.5	12.0	16.2	6.2
2020	18.3	13.0	14.8	8.8
2021	18.9	13.2	17.8	7.7

[부록 7-2] 예체능교과 참여유형별 참여학생 1인당 월평균 사교육비(중학교)

(단위: 만 원)

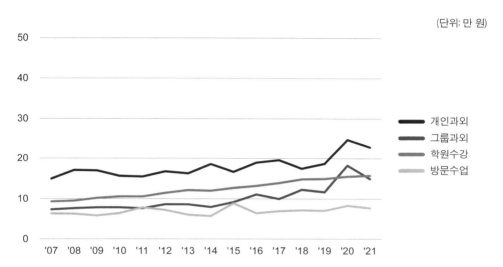

연도	개인과외	그룹과외	학원수강	방문수업
2007	14.9	7.3	9.3	6.3
2008	17.0	7.6	9.5	6.2
2009	16.9	7.8	10.2	5.8
2010	15.6	7.8	10.6	6.4
2011	15.4	7.6	10.6	7.8
2012	16.7	8.6	11.5	7.2
2013	16.2	8.6	12.2	6.0
2014	18.5	7.9	12.0	5.7
2015	16.6	9.2	12.7	8.9
2016	18.9	11.1	13.2	6.4
2017	19.5	10.0	13.9	6.9
2018	17.4	12.3	14.8	7.1
2019	18.6	11.7	14.9	7.0
2020	24.8	18.2	15.5	8.3
2021	22.9	14.9	15.7	7.7

[부록 7-3] 예체능교과 참여유형별 참여학생 1인당 월평균 사교육비(고등학교)

(단위: 만 원)

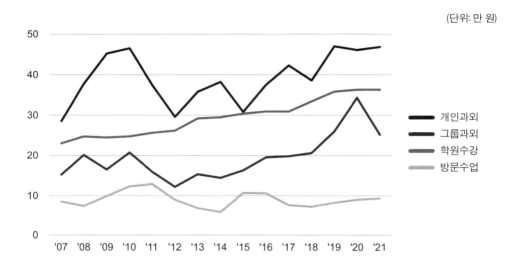

연도	개인과외	그룹과외	학원수강	방문수업
2007	28.5	15.2	23.0	8.5
2008	37.8	20.1	24.7	7.4
2009	45.2	16.5	24.4	9.9
2010	46.5	20.7	24.7	12.3
2011	37.4	15.9	25.6	12.9
2012	29.6	12.2	26.1	9.0
2013	35.8	15.3	29.2	6.8
2014	38.2	14.4	29.5	5.8
2015	30.8	16.3	30.4	10.7
2016	37.5	19.5	30.9	10.6
2017	42.3	19.8	30.9	7.6
2018	38.6	20.6	33.4	7.2
2019	47.0	25.9	35.8	8.2
2020	46.1	34.3	36.3	9.0
2021	46.8	25.1	36.3	9.3

[부록 8-1] 시지역별 사교육 참여율(초등학교)

(단위: %)

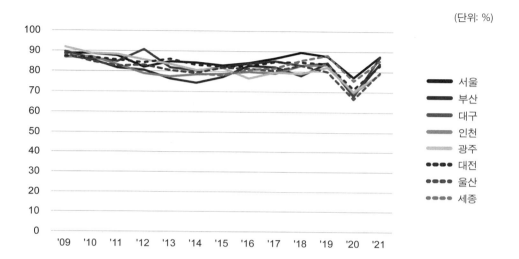

연도	서울	부산	대구	인천	광주	대전	울산	세종
2009	88.8	87.4	89.6	86.7	91.8	87.1	88.4	-
2010	88.8	85.7	86.3	87.2	88.8	86.8	84.8	-
2011	87.7	81.6	84.8	83.2	88.3	85.6	82.6	-
2012	82.0	80.6	90.8	78.9	85.7	84.3	83.1	-
2013	84.8	76.3	81.8	77.4	83.5	86.1	80.4	-
2014	84.3	74.3	80.3	78.4	80.5	83.1	79.2	78.7
2015	82.9	77.2	82.0	78.7	81.6	82.5	81.8	78.0
2016	84.2	82.8	83.8	79.8	76.5	82.6	81.3	80.8
2017	86.5	82.1	85.1	79.0	79.6	84.7	80.3	81.6
2018	89.5	77.9	83.0	83.0	79.0	84.6	83.0	85.4
2019	87.6	84.4	84.3	83.4	82.1	83.8	79.9	88.0
2020	77.1	68.6	67.9	69.7	70.2	71.4	66.5	75.4
2021	87.6	84.0	87.1	78.8	78.8	83.0	79.4	85.3

[부록 8-2] 시지역별 사교육 참여율(중학교)

(단위: %)

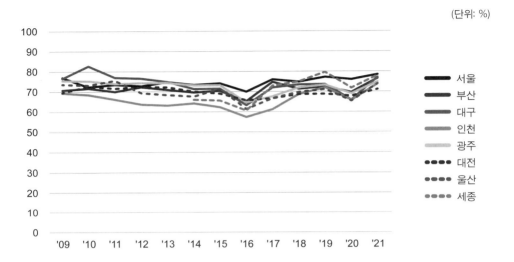

연도	서울	부산	대구	인천	광주	대전	울산	세종
2009	76.9	70.7	76.5	69.3	75.3	69.5	73.5	-
2010	72.2	71.6	82.7	68.4	75.2	72.6	73.1	-
2011	73.4	69.9	76.9	66.1	73.9	71.5	75.4	-
2012	72.7	72.2	76.5	63.6	74.3	72.2	69.3	-
2013	74.7	70.9	74.8	63.1	74.3	72.1	68.3	-
2014	73.3	69.6	71.3	64.2	73.1	70.0	67.6	66.0
2015	74.1	70.3	71.4	62.2	73.1	69.0	71.4	65.5
2016	69.9	65.2	63.2	57.4	64.6	65.7	61.3	60.5
2017	76.0	74.7	71.9	61.2	67.6	66.6	66.6	72.9
2018	74.8	71.3	73.4	68.6	71.9	68.6	69.7	74.9
2019	77.2	72.4	73.5	71.9	73.2	68.7	71.1	79.6
2020	76.0	69.6	65.8	65.7	68.9	67.8	65.3	71.7
2021	78.4	76.5	77.0	73.7	74.8	71.1	73.9	78.0

[부록 8-3] 시지역별 사교육 참여율(고등학교)

(단위: %)

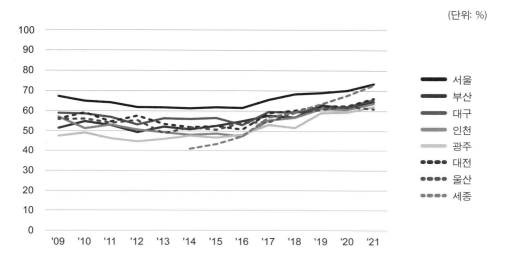

연도	서울	부산	대구	인천	광주	대전	울산	세종
2009	67.3	51.5	59.0	57.0	47.6	56.2	55.9	-
2010	64.9	54.8	58.6	51.3	49.2	59.2	56.1	-
2011	64.2	52.9	56.9	53.1	46.3	54.7	54.1	-
2012	61.8	49.4	53.2	50.7	44.7	57.6	55.3	-
2013	61.7	52.1	56.3	49.4	46.0	53.5	48.8	-
2014	61.3	50.9	56.0	48.1	47.7	51.9	51.8	40.9
2015	61.8	52.6	56.5	48.7	46.7	52.5	50.6	43.3
2016	61.5	54.9	53.0	47.3	48.2	50.8	54.2	47.3
2017	65.5	57.7	59.6	55.3	53.1	59.0	54.5	56.8
2018	68.3	56.8	59.3	56.7	51.6	60.2	59.2	59.4
2019	68.9	62.9	61.5	61.1	59.1	62.5	60.6	63.4
2020	70.1	61.5	62.1	60.8	59.4	62.5	62.2	67.7
2021	73.4	64.5	65.7	63.7	62.1	66.2	61.0	72.8

[부록 9-1] 도지역별 사교육 참여율(초등학교)

(단위: %)

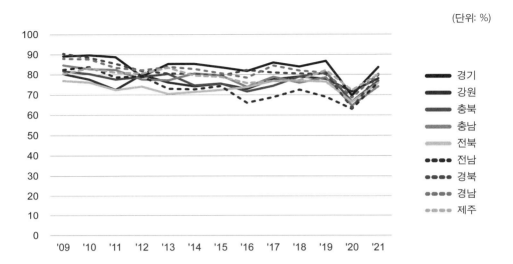

연도	경기	강원	충북	충남	전북	전남	경북	경남	제주
2009	89.2	80.3	81.7	84.7	76.9	82.5	90.5	88.0	80.3
2010	89.7	77.6	80.3	82.8	76.1	83.9	88.4	87.7	83.2
2011	88.8	72.5	77.6	82.4	72.4	78.6	85.4	83.4	81.0
2012	79.1	79.9	78.8	77.6	74.1	79.2	81.8	82.2	80.6
2013	85.3	76.1	80.3	77.2	70.4	73.0	80.5	83.8	83.4
2014	85.3	74.2	74.6	80.6	71.4	72.7	80.3	82.8	79.5
2015	83.6	75.4	75.5	79.6	72.4	74.3	79.4	80.7	78.9
2016	81.7	72.9	71.6	73.9	73.7	66.1	82.3	78.4	75.8
2017	86.0	77.6	74.4	78.9	76.8	68.8	81.0	84.5	76.7
2018	84.0	79.0	79.0	75.9	76.9	72.5	80.4	81.9	77.2
2019	86.7	77.8	81.0	78.5	76.4	69.0	80.2	80.9	82.1
2020	69.6	71.5	66.6	64.7	66.4	63.0	63.5	68.5	72.1
2021	83.6	78.0	76.8	74.1	75.8	76.1	79.7	80.2	80.0

[부록 9-2] 도지역별 사교육 참여율(중학교)

(단위: %)

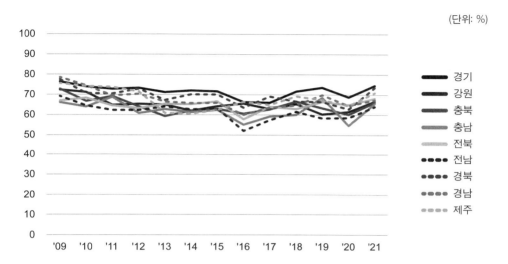

연도	경기	강원	충북	충남	전북	전남	경북	경남	제주
2009	76.4	72.4	72.8	66.1	66.9	69.2	77.5	78.5	75.5
2010	74.0	71.2	66.7	63.9	68.3	64.5	70.7	74.5	74.2
2011	72.8	64.8	69.2	68.7	64.5	62.2	70.4	69.5	73.7
2012	73.3	65.3	64.1	60.8	63.2	62.3	72.9	70.3	71.5
2013	71.2	65.0	59.3	62.8	65.3	64.1	67.2	66.5	60.9
2014	72.0	62.0	62.0	61.3	65.2	62.7	70.1	65.8	60.6
2015	71.6	64.2	62.9	62.4	66.6	63.1	70.0	65.9	62.4
2016	66.3	65.6	60.5	55.1	57.8	52.0	63.5	60.0	66.4
2017	66.0	62.9	62.7	59.2	63.9	57.3	69.1	63.5	64.9
2018	71.6	65.3	66.6	60.0	62.9	61.5	66.6	64.7	69.2
2019	73.5	60.2	63.3	68.4	66.4	58.3	66.4	69.8	67.4
2020	68.7	61.5	60.1	54.7	64.9	58.5	62.8	64.5	64.5
2021	74.5	66.6	66.1	65.4	68.1	63.9	73.4	67.4	70.9

[부록 9-3] 도지역별 사교육 참여율(고등학교)

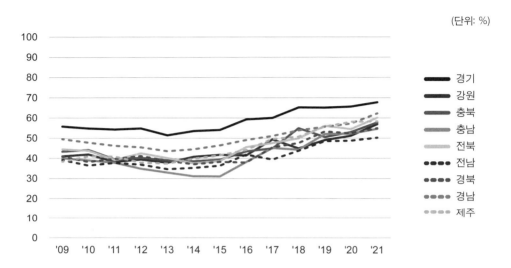

(단위: %)

연도	경기	강원	충북	충남	전북	전남	경북	경남	제주
2009	55.8	41.0	43.3	40.0	44.5	39.2	40.9	49.5	38.3
2010	54.8	41.9	44.2	38.9	43.7	36.4	38.2	47.8	41.0
2011	54.3	38.2	39.5	37.8	39.2	37.7	39.7	46.2	40.9
2012	54.8	39.4	40.2	34.8	42.4	36.8	41.1	45.4	37.8
2013	51.4	37.8	38.9	32.9	40.1	34.6	38.7	43.5	37.4
2014	53.5	40.8	38.5	31.1	37.5	35.2	37.0	44.5	39.8
2015	54.1	41.7	39.3	31.0	38.6	36.3	38.2	46.4	41.5
2016	59.3	41.4	43.4	38.1	45.5	41.8	37.9	49.0	44.2
2017	60.0	49.4	44.9	45.1	47.6	39.4	45.4	51.1	49.6
2018	65.2	44.9	54.9	44.3	49.9	43.7	47.6	53.8	50.8
2019	65.1	49.0	50.5	52.0	56.1	48.5	53.3	55.7	55.8
2020	65.7	51.2	53.0	52.2	54.5	48.7	52.4	57.2	58.1
2021	67.8	56.9	57.8	54.6	60.1	50.2	54.9	62.3	58.3

[부록 10-1] 시지역별 참여학생 1인당 월평균 사교육비(초등학교)

(단위: %)

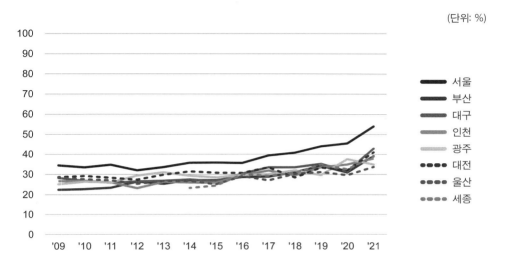

연도	서울	부산	대구	인천	광주	대전	울산	세종
2009	34.4	22.5	28.2	26.6	25.1	28.6	28.4	-
2010	33.4	22.8	26.8	26.7	26.4	29.2	27.6	-
2011	34.7	23.4	25.9	26.1	26.0	28.3	27.0	-
2012	31.9	26.4	26.5	23.2	29.4	27.3	25.3	-
2013	33.5	25.3	26.8	26.3	31.0	29.8	26.7	-
2014	35.6	27.1	27.5	26.0	29.3	31.4	26.7	23.3
2015	35.7	27.1	26.6	25.8	28.5	30.7	25.1	24.5
2016	35.5	28.6	30.3	29.5	29.6	30.6	29.0	30.0
2017	39.4	28.8	33.4	31.8	30.0	33.4	27.0	29.3
2018	40.8	31.0	33.4	29.5	31.9	28.4	30.2	30.6
2019	44.0	34.1	35.1	33.4	29.6	33.3	31.1	34.8
2020	45.5	30.8	31.4	34.8	37.5	31.9	29.6	32.4
2021	54.0	39.1	42.9	37.8	34.8	41.0	33.6	38.8

[부록 10-2] 시지역별 참여학생 1인당 월평균 사교육비(중학교)

(단위: %)

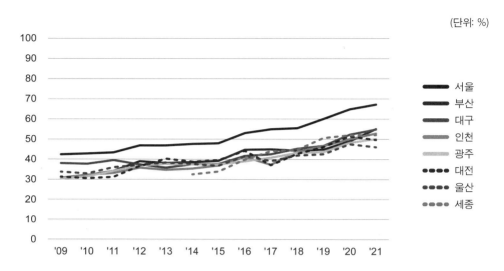

연도	서울	부산	대구	인천	광주	대전	울산	세종
2009	42.4	30.8	38.0	30.7	30.3	31.3	33.7	-
2010	42.8	31.9	37.7	32.2	31.4	30.5	32.9	-
2011	43.3	34.2	39.5	33.1	34.1	31.2	36.0	-
2012	46.8	38.9	37.3	35.7	36.8	36.6	37.1	-
2013	46.8	38.1	35.7	34.7	37.7	40.2	38.3	-
2014	47.6	38.5	37.4	35.3	37.3	38.7	37.6	32.5
2015	47.9	39.2	37.6	36.8	37.3	39.5	36.7	33.8
2016	53.0	44.7	41.6	41.1	38.9	44.2	41.6	39.8
2017	54.9	44.9	42.5	37.2	40.8	37.0	39.1	43.9
2018	55.4	44.3	45.2	43.7	43.1	42.7	41.8	44.7
2019	60.0	44.8	46.6	46.5	43.5	46.1	42.5	50.5
2020	64.8	48.9	52.2	50.0	48.2	51.4	47.5	51.9
2021	67.1	55.0	54.8	52.8	50.0	49.6	46.0	52.0

[부록 10-3] 시지역별 참여학생 1인당 월평균 사교육비(고등학교)

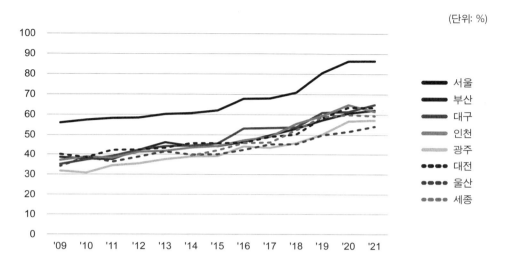

(단위: %)

연도	서울	부산	대구	인천	광주	대전	울산	세종
2009	56.0	38.5	35.0	37.0	31.7	40.0	34.0	-
2010	57.3	37.7	37.2	38.7	30.8	38.4	38.5	-
2011	58.2	37.5	39.0	38.1	34.4	42.1	36.2	-
2012	58.4	42.1	42.2	41.2	35.3	42.3	38.7	-
2013	60.2	46.2	44.2	41.7	37.5	43.3	41.4	-
2014	60.6	44.3	44.5	43.4	38.8	45.7	39.8	39.3
2015	62.0	44.2	45.6	44.3	39.0	45.7	40.0	42.0
2016	67.8	46.5	53.1	47.2	44.0	46.1	42.2	45.9
2017	68.0	49.8	53.4	49.0	43.4	49.0	45.2	46.2
2018	70.9	53.1	53.7	55.4	45.9	50.2	45.3	52.3
2019	80.6	57.2	61.0	59.4	50.2	58.2	49.9	58.8
2020	86.3	60.7	61.4	64.8	56.7	63.5	51.6	59.9
2021	86.4	62.1	64.9	61.5	57.3	63.4	54.2	59.4

[부록 11-1] 도지역별 참여학생 1인당 월평균 사교육비(초등학교)

(단위: %)

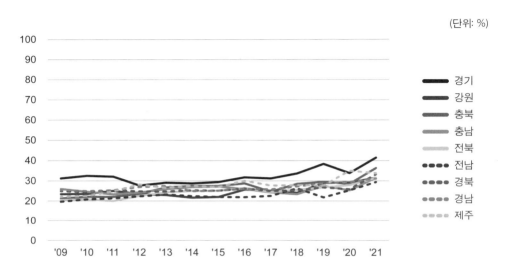

연도	경기	강원	충북	충남	전북	전남	경북	경남	제주
2009	31.2	23.4	21.3	26.0	20.5	19.7	24.9	25.5	22.1
2010	32.4	23.5	22.1	24.6	20.9	20.8	24.5	24.9	22.6
2011	32.0	25.0	22.0	23.3	20.0	21.4	25.3	25.3	24.8
2012	27.7	23.5	23.6	24.3	22.6	22.3	24.8	26.9	28.2
2013	29.0	23.0	26.7	25.9	24.3	23.2	24.7	27.5	26.5
2014	28.7	21.7	27.4	26.9	25.0	22.4	25.3	24.9	27.4
2015	29.4	22.0	27.5	27.1	25.1	22.0	25.1	25.1	26.9
2016	31.7	25.6	28.7	26.0	26.5	21.9	26.2	26.1	30.0
2017	31.2	25.1	24.6	24.3	24.5	22.5	25.0	25.7	27.7
2018	33.6	24.0	28.5	23.4	25.5	26.3	25.3	27.2	27.9
2019	38.3	28.9	29.5	27.5	26.7	21.8	26.7	28.7	27.7
2020	33.8	29.2	28.5	25.3	27.9	25.3	25.9	29.5	35.0
2021	41.4	31.5	36.3	31.5	31.5	29.4	33.2	31.1	33.7

[부록 11-2] 도지역별 참여학생 1인당 월평균 사교육비(중학교)

(단위: %)

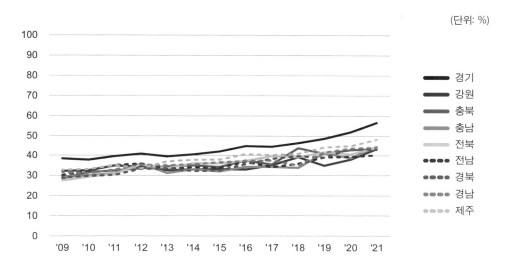

연도	경기	강원	충북	충남	전북	전남	경북	경남	제주
2009	38.3	32.1	28.5	29.1	27.4	30.1	28.9	31.5	32.7
2010	37.7	32.4	31.5	30.0	29.3	32.1	29.7	31.1	33.0
2011	39.5	34.8	32.3	31.0	30.7	35.0	30.2	32.8	35.0
2012	40.8	34.2	33.4	35.7	35.3	35.8	33.2	35.2	33.4
2013	39.4	32.5	34.4	31.1	33.4	33.2	33.2	34.9	36.8
2014	40.4	32.9	34.9	33.0	35.9	33.9	32.1	35.4	37.7
2015	41.9	33.0	34.0	31.9	35.9	33.7	32.3	36.4	37.8
2016	44.8	32.9	37.3	34.1	37.1	36.7	35.5	37.0	40.5
2017	44.5	35.0	35.3	34.1	39.6	34.0	38.2	37.3	40.1
2018	46.4	39.0	43.7	33.7	39.0	35.8	39.6	34.9	40.7
2019	48.6	34.8	40.9	41.1	41.6	38.9	38.8	41.5	44.2
2020	51.9	37.9	42.8	38.6	40.5	39.3	43.4	43.6	44.9
2021	56.6	43.3	43.4	44.6	44.0	40.1	43.0	44.2	48.2

[부록 11-3] 도지역별 참여학생 1인당 월평균 사교육비(고등학교)

(단위: %)

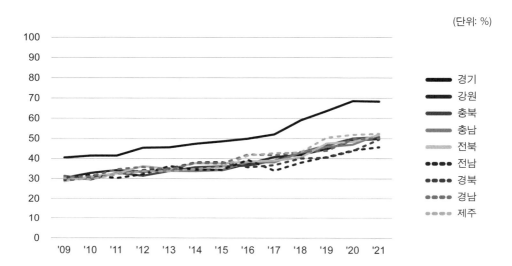

연도	경기	강원	충북	충남	전북	전남	경북	경남	제주
2009	40.4	30.3	31.3	29.4	28.6	29.6	29.1	31.0	30.1
2010	41.4	32.8	29.5	30.0	31.0	31.8	30.1	31.0	29.6
2011	41.4	34.2	32.9	32.8	32.5	30.2	32.0	34.6	32.0
2012	45.3	33.3	31.4	33.6	36.2	32.1	34.2	35.8	33.6
2013	45.5	34.3	33.7	33.8	34.8	36.2	35.0	34.5	33.6
2014	47.4	34.6	35.6	33.7	37.7	34.5	38.1	37.8	34.8
2015	48.5	34.2	36.1	34.3	37.4	34.4	38.2	37.4	35.8
2016	49.9	37.3	36.5	38.2	38.5	39.3	35.6	42.0	41.5
2017	52.0	40.7	38.9	38.1	38.9	33.9	36.7	41.6	42.7
2018	59.0	41.8	43.0	43.0	40.4	37.9	40.0	43.3	43.0
2019	63.6	44.7	46.6	45.9	47.6	40.7	40.4	43.8	50.4
2020	68.5	49.1	50.0	46.9	48.3	44.0	43.7	49.7	51.8
2021	68.3	49.8	50.8	52.0	51.7	45.6	49.5	50.1	52.4

[부록 12-1] 지역규모별 사교육 참여율(초등학교)

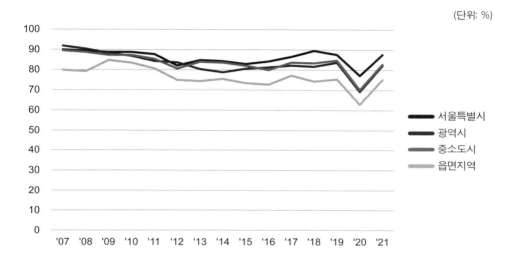

(단위: %)

연도	서울특별시	광역시	중소도시	읍면지역
2007	89.9	91.8	89.5	79.8
2008	89.4	90.3	88.7	79.2
2009	88.8	88.2	87.3	84.7
2010	88.8	86.8	87.3	83.4
2011	87.7	84.3	85.3	80.5
2012	82.0	83.6	80.5	74.9
2013	84.8	80.3	84.0	74.4
2014	84.3	78.7	83.5	75.4
2015	82.9	80.5	82.0	73.4
2016	84.2	81.2	79.9	72.7
2017	86.5	82.1	83.6	77.2
2018	89.5	81.6	83.3	74.3
2019	87.6	83.6	84.7	75.3
2020	77.1	69.2	70.1	62.9
2021	87.6	82.2	82.8	75.1

[부록 12-2] 지역규모별 사교육 참여율(중학교)

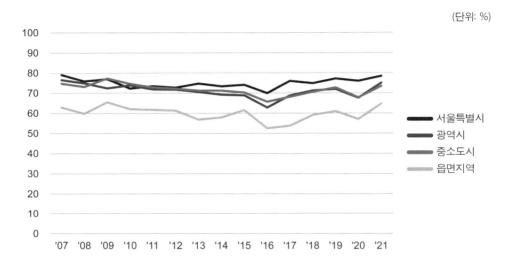

(단위: %)

연도	서울특별시	광역시	중소도시	읍면지역
2007	79.1	76.5	74.7	62.9
2008	75.9	74.9	73.1	59.8
2009	76.9	72.4	77.3	65.4
2010	72.2	73.9	74.6	62.0
2011	73.4	71.8	72.8	61.7
2012	72.7	71.7	72.1	61.3
2013	74.7	70.5	71.2	56.8
2014	73.3	69.2	71.2	57.9
2015	74.1	68.8	70.2	61.5
2016	69.9	62.8	65.7	52.5
2017	76.0	68.7	68.1	53.7
2018	74.8	71.2	70.5	59.1
2019	77.2	71.9	72.7	61.0
2020	76.0	67.6	67.8	57.0
2021	78.4	75.0	73.4	64.7

[부록 12-3] 지역규모별 사교육 참여율(고등학교)

(단위: %)

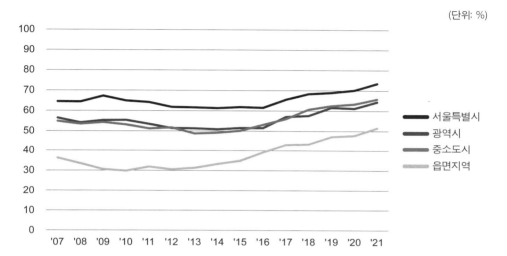

연도	서울특별시	광역시	중소도시	읍면지역
2007	64.5	56.4	54.8	36.2
2008	64.4	54.1	53.4	33.4
2009	67.3	55.2	54.3	30.5
2010	64.9	55.3	53.1	29.8
2011	64.2	53.4	51.2	31.8
2012	61.8	51.4	51.7	30.5
2013	61.6	51.3	48.7	31.3
2014	61.3	50.9	49.2	33.2
2015	61.8	51.5	50.1	34.8
2016	61.5	51.5	53.1	39.1
2017	65.5	57.0	56.0	42.9
2018	68.3	57.6	60.7	43.2
2019	68.9	61.6	62.5	47.1
2020	70.1	61.2	63.3	47.8
2021	73.4	64.4	65.8	51.5

[부모 13-1] 지역규모별 참여학생 1인당 월평균 사교육비(초등학교)

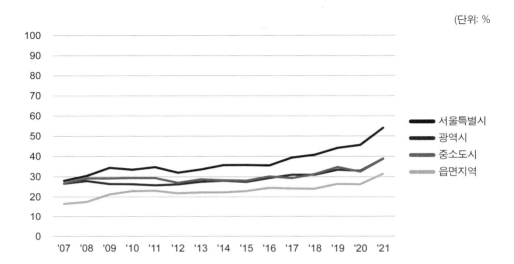

(단위: %)

연도	서울특별시	광역시	중소도시	읍면지역
2007	28.0	26.6	26.7	16.6
2008	30.4	27.9	29.2	17.5
2009	34.4	26.4	29.1	21.3
2010	33.4	26.3	29.4	22.9
2011	34.7	25.7	29.4	23.1
2012	31.9	26.2	27.0	21.8
2013	33.5	27.4	28.7	22.2
2014	35.6	28.0	28.3	22.2
2015	35.7	27.4	28.1	22.9
2016	35.5	29.4	30.1	24.5
2017	39.4	31.0	29.3	24.2
2018	40.8	31.0	31.3	24.0
2019	44.0	33.4	34.7	26.4
2020	45.5	33.0	32.4	26.2
2021	54.0	38.9	38.7	31.3

[부록 13-2] 지역규모별 참여학생 1인당 월평균 사교육비(중학교)

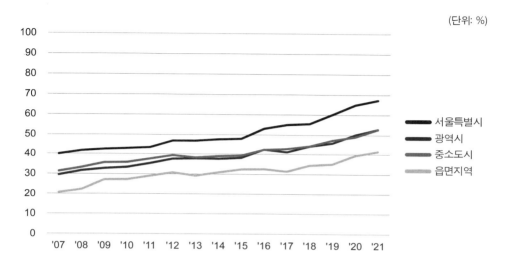

(단위: %)

연도	서울특별시	광역시	중소도시	읍면지역
2007	39.9	29.5	31.3	20.8
2008	41.6	31.6	33.2	22.3
2009	42.4	32.7	35.5	27.1
2010	42.8	33.3	35.8	27.2
2011	43.3	35.2	37.4	28.9
2012	46.8	37.4	39.3	30.6
2013	46.8	37.7	38.1	29.0
2014	47.6	37.6	38.8	30.7
2015	47.9	38.1	39.2	32.2
2016	53.0	42.4	42.2	32.4
2017	54.9	41.1	42.7	31.3
2018	55.4	44.1	44.2	34.3
2019	60.0	45.8	47.2	34.9
2020	64.8	50.0	49.1	39.3
2021	67.1	52.8	52.8	41.4

[부록 13-3] 지역규모별 참여학생 1인당 월평균 사교육비(고등학교)

(단위: %)

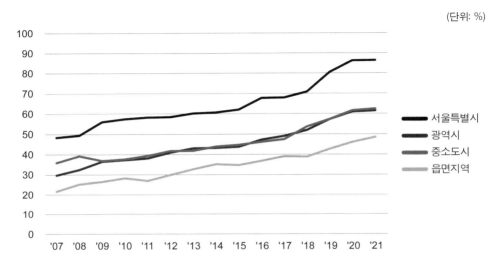

연도	서울특별시	광역시	중소도시	읍면지역
2007	48.3	29.7	35.9	21.7
2008	49.4	32.4	39.2	25.2
2009	56.0	36.5	36.8	26.5
2010	57.3	37.2	37.6	28.2
2011	58.2	38.1	39.3	26.9
2012	58.4	41.0	41.6	29.8
2013	60.2	43.1	41.7	32.7
2014	60.6	43.3	43.7	35.1
2015	62.0	43.8	44.6	34.7
2016	67.8	47.4	46.1	36.8
2017	68.0	49.2	47.4	39.0
2018	70.9	52.0	53.5	38.8
2019	80.6	57.4	57.1	42.7
2020	86.3	61.1	61.4	46.1
2021	86.4	61.6	62.2	48.5

[부록 14-1] 월가구소득별 사교육 참여율(초등학교)

(단위: %)

연도	200만 원 미만	200~300 만 원	300~400 만 원	400~500 만 원	500~600 만 원	600~700 만 원	700만 원 이상
2007	68.2	89.2	93.4	96.0	96.3	96.8	96.9
2008	66.5	89.0	92.8	95.3	96.3	96.4	96.4
2009	66.7	86.9	93.3	95.0	96.0	95.9	96.7
2010	63.8	84.5	91.9	94.5	95.8	96.1	96.1
2011	60.8	83.4	89.6	92.0	92.8	93.9	93.7
2012	56.0	77.7	86.6	90.1	91.6	90.9	91.0
2013	56.7	74.5	84.1	89.4	91.4	91.5	91.1
2014	54.7	76.1	82.6	88.0	87.8	91.5	90.5
2015	53.5	73.7	82.9	86.7	89.3	92.1	91.4
2016	54.0	68.3	79.9	83.9	86.9	90.8	92.5
2017	55.4	72.8	80.2	86.5	88.8	90.7	92.8
2018	56.5	70.7	81.1	84.8	88.5	88.2	91.8
2019	56.0	71.2	79.8	86.3	88.3	91.1	92.8
2020	43.0	52.5	62.7	70.0	73.6	74.5	81.1
2021	52.9	63.3	75.4	84.0	87.6	89.3	90.7

[부록 14-2] 월가구소득별 사교육 참여율(중학교)

(단위: %)

연도	200만 원 미만	200~300 만 원	300~400 만 원	400~500 만 원	500~600 만 원	600~700 만 원	700만 원 이상
2007	47.0	72.4	82.3	87.6	91.0	91.9	92.1
2008	45.8	70.2	81.6	87.1	90.1	90.4	93.2
2009	46.8	71.8	82.9	87.9	89.5	89.5	91.9
2010	43.7	67.5	79.5	84.6	87.2	91.0	89.5
2011	44.3	66.9	76.2	81.4	84.7	87.1	84.5
2012	43.4	62.7	73.7	81.3	84.4	85.7	84.5
2013	42.6	60.4	71.5	81.1	83.9	86.8	82.9
2014	41.0	58.4	70.5	77.6	80.9	86.2	84.4
2015	39.9	57.3	69.0	76.4	80.0	87.1	83.7
2016	36.4	53.1	61.8	69.3	73.1	75.3	77.9
2017	38.5	51.5	63.6	70.7	73.6	76.8	80.8
2018	42.3	53.2	64.3	69.7	76.2	78.2	81.9
2019	44.3	53.6	65.1	75.0	76.8	79.8	82.8
2020	37.3	49.1	58.9	67.6	72.4	76.3	80.5
2021	42.6	53.7	65.5	73.4	76.0	81.5	83.8

[부록 14-3] 월가구소득별 사교육 참여율(고등학교)

(단위: %)

연도	200만 원 미만	200~300 만 원	300~400 만 원	400~500 만 원	500~600 만 원	600~700 만 원	700만 원 이상
2007	29.2	48.0	59.9	67.9	72.2	80.7	82.2
2008	28.4	47.7	60.7	70.0	74.8	77.8	80.7
2009	29.4	47.2	60.6	68.5	75.1	79.5	81.2
2010	29.0	44.6	56.5	66.0	72.4	75.8	78.1
2011	29.1	43.4	54.6	63.9	68.3	73.2	72.3
2012	27.2	41.2	54.1	62.3	68.1	72.0	73.9
2013	27.9	40.1	51.0	60.0	65.3	69.1	70.3
2014	26.8	39.2	48.8	59.2	64.5	69.0	71.2
2015	26.6	39.2	49.1	56.4	61.9	64.4	71.1
2016	28.7	40.2	50.1	57.5	62.1	67.2	69.5
2017	31.1	41.2	50.3	59.0	65.2	68.2	70.5
2018	32.5	42.7	52.1	60.3	63.7	68.1	70.9
2019	32.4	43.9	54.3	61.2	66.3	72.0	74.4
2020	32.6	44.5	53.0	62.1	66.3	70.2	75.4
2021	35.3	46.2	57.3	63.7	67.5	72.7	76.2

[부록 15-1] 월가구소득별 참여학생 1인당 월평균 사교육비(초등학교)

(단위: %)

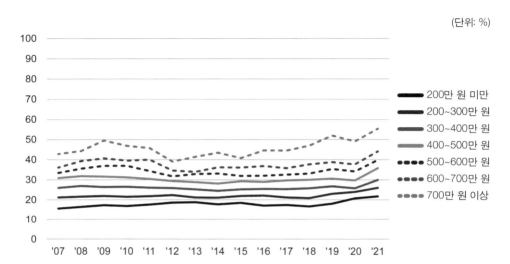

연도	200만 원 미만	200~300 만 원	300~400 만 원	400~500 만 원	500~600 만 원	600~700 만 원	700만 원 이상
2007	15.6	21.2	26.0	30.9	33.4	36.1	42.8
2008	16.5	21.6	26.9	31.8	35.5	39.3	44.3
2009	17.3	21.9	26.4	31.6	36.9	40.6	49.5
2010	16.9	21.5	26.5	31.2	36.9	39.5	46.8
2011	17.7	21.8	26.1	30.4	34.4	40.0	45.7
2012	18.6	22.3	25.8	29.4	31.7	34.6	39.0
2013	18.8	21.2	25.2	28.8	32.9	33.9	41.4
2014	17.8	21.1	24.5	28.1	33.1	36.2	43.4
2015	18.5	21.9	25.2	29.3	31.9	36.1	40.7
2016	17.1	22.1	25.4	28.9	32.0	36.8	44.6
2017	17.4	21.2	25.3	29.7	32.6	35.8	44.5
2018	16.7	20.8	25.7	30.0	33.1	37.7	46.9
2019	18.1	23.0	26.7	30.5	35.3	38.7	51.9
2020	20.7	23.9	25.7	29.7	34.2	37.7	49.1
2021	21.7	26.0	29.9	35.8	39.8	44.1	55.3

[부록 15-2] 월가구소득별 참여학생 1인당 월평균 사교육비(중학교)

(단위: %)

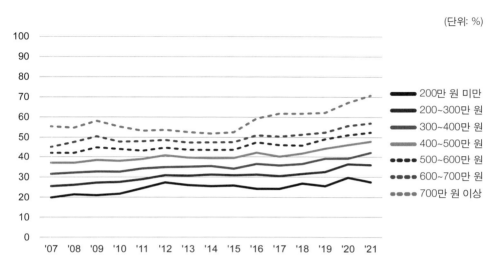

연도	200만 원 미만	200~300 만 원	300~400 만 원	400~500 만 원	500~600 만 원	600~700 만 원	700만 원 이상
2007	19.9	25.5	31.5	36.9	41.9	45.0	55.3
2008	21.5	26.2	32.1	36.9	41.9	47.6	54.7
2009	21.1	27.2	32.7	38.3	44.8	50.4	58.1
2010	21.8	27.6	32.6	37.9	43.9	47.8	55.2
2011	24.6	28.9	34.1	38.8	43.1	48.0	53.2
2012	27.3	30.9	34.8	40.7	44.7	48.6	53.6
2013	26.1	30.6	35.0	39.6	43.6	47.3	52.6
2014	25.5	31.2	35.3	39.3	43.5	47.5	51.8
2015	25.9	30.8	34.0	39.4	43.6	47.6	52.5
2016	24.3	31.2	36.4	42.1	47.5	51.0	59.3
2017	24.3	30.4	35.6	40.1	46.1	50.3	61.7
2018	26.8	31.5	36.4	41.7	45.9	51.3	61.7
2019	25.5	32.4	39.0	44.3	49.1	52.4	62.1
2020	29.7	36.3	39.2	46.2	51.1	55.7	67.1
2021	27.4	35.9	42.1	47.9	52.4	56.9	70.8

[부록 15-3] 월가구소득별 참여학생 1인당 월평균 사교육비(고등학교)

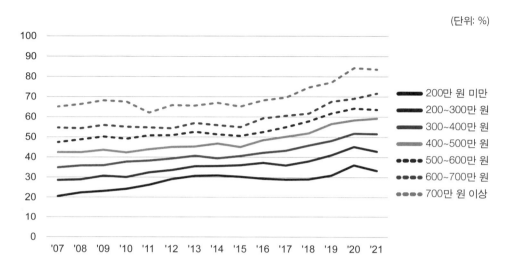

연도	200만 원 미만	200~300 만 원	300~400 만 원	400~500 만 원	500~600 만 원	600~700 만 원	700만 원 이상
2007	20.5	28.5	34.8	42.3	47.3	54.6	65.0
2008	22.3	28.8	35.7	42.3	48.7	54.3	66.3
2009	23.1	30.6	35.9	43.5	50.1	55.9	68.1
2010	24.1	30.0	37.7	42.2	49.0	55.0	67.5
2011	26.2	32.3	38.2	43.8	50.8	54.7	62.0
2012	29.0	33.5	39.3	45.0	50.9	54.3	65.8
2013	30.6	35.4	40.6	45.2	52.6	56.9	65.6
2014	30.9	35.5	39.4	46.7	51.3	55.9	66.9
2015	30.2	36.0	40.5	45.0	50.5	54.9	65.1
2016	29.3	37.1	42.1	48.4	52.5	59.3	68.2
2017	28.8	35.9	43.2	50.1	54.9	60.5	69.6
2018	28.9	37.9	45.7	51.8	57.8	61.6	74.6
2019	30.9	41.0	48.1	56.5	61.7	67.6	77.2
2020	36.0	45.1	51.7	58.3	64.2	69.1	84.3
2021	33.2	42.8	51.5	59.2	63.5	71.6	83.5

[부록 16-1] 부모의 경제활동 유형별 사교육 참여율(초등학교)

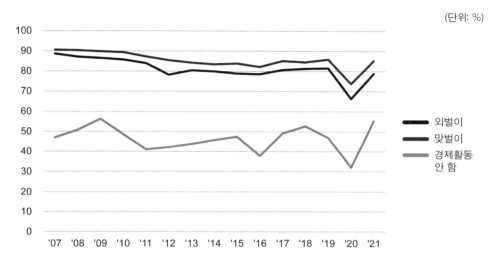

(단위: %)

외벌이
맞벌이
경제활동 안 함

연도	외벌이	맞벌이	경제활동 안 함
2007	88.6	90.6	47.0
2008	87.1	90.3	50.9
2009	86.5	89.8	56.3
2010	85.8	89.4	48.6
2011	84.0	87.3	41.0
2012	78.2	85.4	42.1
2013	80.4	84.3	43.7
2014	79.9	83.4	45.8
2015	78.9	83.8	47.5
2016	78.5	82.1	37.8
2017	80.7	85.1	49.2
2018	81.3	84.5	52.7
2019	81.5	85.9	46.9
2020	66.3	73.7	32.0
2021	78.9	85.2	55.3

[부록 16-2] 부모의 경제활동 유형별 사교육 참여율(중학교)

(단위: %)

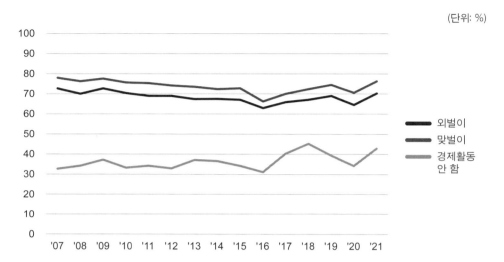

연도	외벌이	맞벌이	경제활동 안 함
2007	72.7	78.0	32.7
2008	70.0	76.3	34.2
2009	72.7	77.6	37.1
2010	70.3	75.7	33.2
2011	69.0	75.3	34.1
2012	69.0	74.2	32.9
2013	67.4	73.5	37.0
2014	67.5	72.4	36.5
2015	67.0	72.8	34.2
2016	62.9	66.2	31.1
2017	65.9	70.0	40.2
2018	67.0	72.4	45.1
2019	68.9	74.5	39.3
2020	64.5	70.5	34.1
2021	70.2	76.3	42.8

[부록 16-3] 부모의 경제활동 유형별 사교육 참여율(고등학교)

(단위: %)

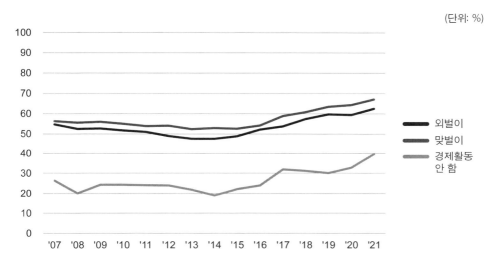

연도	외벌이	맞벌이	경제활동 안 함
2007	54.7	56.3	26.4
2008	52.5	55.5	20.1
2009	52.7	56.0	24.4
2010	51.7	55.0	24.4
2011	51.0	53.8	24.1
2012	48.9	54.1	24.0
2013	47.6	52.3	21.9
2014	47.6	52.9	19.0
2015	48.8	52.6	22.2
2016	52.1	54.2	24.0
2017	53.7	58.8	31.9
2018	57.3	60.8	31.2
2019	59.7	63.4	30.1
2020	59.4	64.3	32.8
2021	62.5	67.0	39.7

[부록 17-1] 부모의 경제활동 유형별 참여학생 1인당 월평균 사교육비(초등학교)

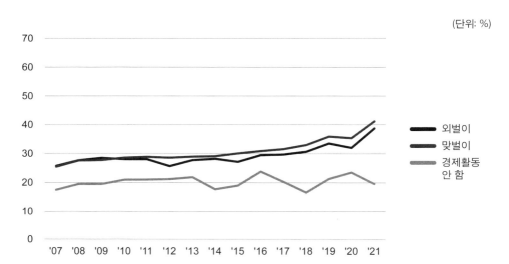

(단위: %)

연도	외벌이	맞벌이	경제활동 안 함
2007	25.8	25.5	17.5
2008	27.7	27.6	19.5
2009	28.5	27.8	19.5
2010	28.1	28.6	21.0
2011	28.1	28.9	21.1
2012	25.7	28.6	21.2
2013	27.8	29.0	21.9
2014	28.2	29.1	17.7
2015	27.2	30.1	19.0
2016	29.5	30.9	23.8
2017	29.7	31.6	20.3
2018	30.7	33.0	16.6
2019	33.5	35.9	21.3
2020	32.0	35.4	23.5
2021	38.7	41.2	19.6

[부록 17-2] 부모의 경제활동 유형별 참여학생 1인당 월평균 사교육비(중학교)

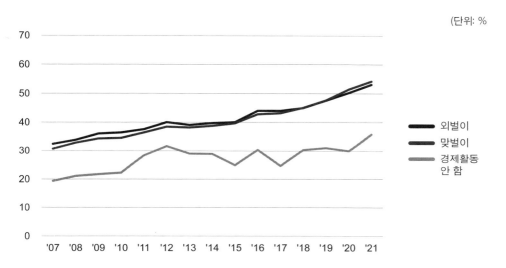

(단위: %

연도	외벌이	맞벌이	경제활동 안 함
2007	32.5	30.7	19.4
2008	34.0	32.9	21.1
2009	36.1	34.4	21.7
2010	36.5	34.6	22.2
2011	37.6	36.5	28.3
2012	40.1	38.5	31.7
2013	39.1	38.2	29.0
2014	39.8	38.8	28.9
2015	40.1	39.7	24.8
2016	44.0	42.8	30.4
2017	44.0	43.2	24.6
2018	45.0	45.1	30.4
2019	47.6	47.7	31.1
2020	50.3	51.5	30.0
2021	53.1	54.2	35.9

[부록 17-3] 부모의 경제활동 유형별 참여학생 1인당 월평균 사교육비(고등학교)

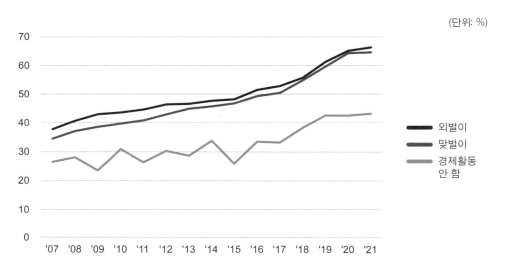

(단위: %)

연도	외벌이	맞벌이	경제활동 안 함
2007	37.8	34.5	26.5
2008	40.7	37.1	28.1
2009	43.0	38.6	23.5
2010	43.6	39.7	30.9
2011	44.6	40.8	26.4
2012	46.4	42.9	30.3
2013	46.6	44.9	28.7
2014	47.7	45.7	33.8
2015	48.2	46.8	25.9
2016	51.5	49.3	33.5
2017	52.8	50.4	33.2
2018	55.7	54.8	38.3
2019	61.2	59.6	42.5
2020	65.1	64.3	42.5
2021	66.3	64.6	43.2

참고문헌

강중구(2009. 3. 2.). 경기 하강에 취약한 우리의 소비구조. LG Business Insight. 2009(3-4월), 45-49. https://www.lgbr.co.kr/report/view.do?idx=15864 (접속일 2023. 4. 25.)

교육개발원(2021). 한국교육개발원 교육여론조사.

교육과정평가원(2016). 공교육 정상화를 위한 외국의 학교교육 강화 정책 고찰.

교육과학기술부(2008. 3. 20.). 대통령 업무보고.

교육과학기술부(2009. 6. 3.). 공교육 경쟁력 향상을 통한 사교육비 경감대책.

교육과학기술부(2011. 5. 19.). 공교육 강화-사교육 경감 선순환 방안.

교육과학기술부(2012. 2. 17.). 2012 사교육비 경감대책.

교육부(2014a). 공교육정상화법 시행, 어떻게 적용될까요?:「공교육정상화 촉진 및 선행교육 규제에 관한 특별법」매뉴얼 북.

교육부(2014b). 사교육 경감 및 공교육 정상화 대책.

교육부(2015a). 2015 개정 교육과정. 교육부 고시 제2015-74호.

교육부(2015b). 학교체육ㆍ예술교육 강화 지원계획.

교육부(2017). 2017년 정책실명제 중점관리 사업내역: EBS 수능강의 지원 사업내역.

교육부(2018). 2017년 사교육비조사 결과 및 대응방안.

교육부(2020). 2020학년도 대학별고사 선행학습 영향평가 결과 발표.

교육부(2021a).「교육회복 종합방안」기본계획-모든 학생을 위한 코로나19 극복 지원.

교육부(2021b). 초등돌봄교실 운영개선 방안(안).

교육부(2022a). 2021년 사교육비 조사 결과 주요 특징 및 대응방안.

교육부(2022b). 2021년 방과후학교 운영 현황 통계.

교육부(2022c). e-러닝(EBS고교 강의, e학습터) 활용현황. e-나라지표 홈페이지. https://www.index.go.kr/unity/potal/main/EachDtlPageDetail. do?idx_cd=1560 (접속일 2023. 6. 2.)

교육부, 한국교육개발원(2014). 2014 초등돌봄교실 운영 길라잡이.

교육인적자원부(2004). 공교육 정상화를 통한 사교육비 경감 대책.

교육인적자원부(2006). 2006 방과후학교 운영 계획.

국민권익위원회(2013. 9. 2.). 권익위-교육부 공동추진 "사교육 해법 대국민 온라인 토론 결과" 발표.

권수진(2018. 1. 29.). 사교육만 웃는 '불통' 교육정책. '공교육 강화로 전환해야'. 베리타스 알파. http://www.veritas-a.com/news/articleView. html?idxno=106483 (접속일 2023. 1. 7.)

기획재정부(2022. 6. 15.). 2022년 IMD 국가 경쟁력 평가결과.

길혜지, 김혜숙(2017). 고등학생 시기 EBS 수능강의 수강경험에 따른 대학생의 학습 참여 분석. 한국교육, 44(3), 65-93.

김대열, 박명희(2020). 국내 사교육 연구동향 분석. 교육과학연구, 51(1), 1-27.

김명연, 강태훈(2020). EBS 수능강의 서비스 활용이 국어 학업성취도 및 수업태도에 미치는 영향. 교육연구, 77, 9-34.

김미진, 홍후조(2019). 초등 저학년 하교시간에 관한 비교와 조사 연구. 비교교육연구, 29(1), 77-109.

김병모(2007). 교육 수요자-공급자 관점에서 EBS수능강의의 효과 인식에 대한 질적 연구. 한국교육학연구, 13(2), 229-255.

김성식(2022). 코로나19 사교육과 방과후학교 참여 양상의 변화 분석. 방과후학교연구, 9(1), 75-102.

김신복, 김인회, 김재춘, 서정화, 신정철, 이무근, 이종재, 천세영, 최운실 (2017). 교육정책의 역사적 변동과 전망. 서울대학교출판문화원.

김정근(2019). 사교육비경감 정책문제 정의의 타당성 분석: 노무현·이명박·박근혜 정부 중심으로. 학술대회 발표논문집, 341-368.

김정근(2020). 사교육비 경감대책으로서 공교육 정상화 정책 논증분석. 정책분석평가학회보, 30(3), 139-179.

김진영(2008). 우리나라 가구 사교　비 지출의 특징과 사교육 정책에 대한 함의. 교육재정경제연구, 17(3), 1-28.

김진영(2012). 성적향상도로 본 방과후학교와 사교육의 상대적 효율성. 재정학연구, 5(3), 1-32.

김창희, 양윤이(2017). 초등돌봄교실 운영 사례 분석을 통한 질제고 방안. 방과후학교연구, 4(2), 67-87.

김홍원, 양애경, 정영모, 임현성, 김유리(2011). 지역연합 방과후학교 운영 실태 및 활성화 방안. 한국교육개발원.

김희진(2014). 방과 후 돌봄서비스 제공기관 간의 연계에 관한 고찰: 지역아동센터와 방과후학교를 중심으로. 경희대학교 공공대학원 석사학위논문.

노성향(2012). 초등돌봄교실에 대한 취업모의 인식 및 요구. 인간발달연구, 19(3), 21-40.

문지영, 김현철, 박혜연(2018). 사교육비 및 사교육참여율에 대한 방과후학교의 효과. 교육행정학연구, 36(1), 329-354.

박정수(2006). 한국교육 거듭나기. 삼성경제연구소.

박채형(2018). 사교육 동향과 정책의 일관성 및 현실성 분석: 부산광역시 초등학교를 중심으로. 학습자중심교과교육연구, 18(21), 505-527.

배상훈, 김성식, 양수경(2010). 방과후학교 참여가 사교육비 지출 및 학업성취 수준과의 관계. 교육행정학연구, 28(2), 55-79.

백순근, 길혜지, 윤지윤(2010). EBS강의 수강 시간이 사교육비에 미치는 영향: 국어, 수학, 영어 교과별 비교를 중심으로. 아시아교육연구, 11(4), 223-247.

백순근, 이솔비, 장지현, 양현경(2019). 맞벌이 가정 자녀의 초등돌봄교실 참여에 따른 사교육 시간과 비용 및 일-양육 양립에 대한 인식 차이. 육아정책연구, 12(1), 55-74.

백일우, 정한나(2013). 국내 사교육 문헌 분석. 교육과학연구, 44(4), 1-39.

변수용, 김경근(2010). 중학생의 방과후학교 참여가 사교육 수요에 미치는 영향. 교육사회학연구, 20(3), 51-81.

사교육걱정없는세상(2012. 8. 12.). 선행교육 금지법 전국 여론조사 결과.

성낙일, 홍성우(2009). 우리나라 사교육비 결정요인 및 경감대책에 대한 실증분석. 응용경제, 10(3), 183-212.

송영민, 김봉모, 김선혜, 지준호(2012). 초등학교 돌봄교실의 효율적 운영 방안. 동양문화연구, 10, 291-318.

신현석, 윤지희(2020). 시스템 사고에 의한 사교육비 증가 현상 분석: 박근혜 정부와 문재인정부를 중심으로. 교육정치학연구, 27(4), 87-123.

심은석, 박균달, 김현진(2013). 서울시 초·중·고등학교 학생의 방과후학교 참여가 사교육비 경감에 미치는 효과. 중등교육연구, 61(2), 361-388.

심정미, 채현탁(2015). 지역아동센터와 초등돌봄교실의 협력에 관한 쟁점 고찰. 한국자치행정학보, 29(2), 313-328.

양정호(2013). 우리나라 역대 정부의 사교육비 추이 분석. 교육행정학연구, 31(4), 421-448.

우명숙, 이수정(2010). 중학생의 방과후학교 프로그램 참여가 영어 학업성취도와 사교육비에 미치는 영향분석. 교육재정경제연구, 19(4), 105-134.

유재봉(2019). 쉼과 탁월성을 위한 교육의 재해석. 신앙과 학문, 24(3), 139-161.

유재봉, 강문숙, 김동호, 이수정, 최은영, 김동화, 이정원(2021). 코로나19 상황 사교육 참여 실태 분석 및 보완 연구. 사교육혁신교육연구소.

유재봉, 김동호, 한선영, 이수정, 이혜정, 백수빈(2022). 사교육비에 영향을 미치는 정책 및 요인 분석. 사교육혁신교육연구소.

유재봉, 김현철, 조정우, 서은경, 박혜랑, 박혜연, 황수진(2017). 정책변화에 따른 사교육 시장의 변화 연구. 사교육혁신교육연구소.

유재봉, 이수정, 강문숙, 유지선, 김동화(2020a). 영어, 수학 사교육 현황 및 실태 분석에 따른 경감방안. 사교육혁신교육연구소.

유재봉, 이수정, 강문숙, 유지선, 김동화(2020b). 초등학교 예체능 및 돌봄 목적 사교육 실태 분석 및 경감방안. 사교육혁신교육연구소.

유재봉, 이수정, 강문숙, 이아진, 박혜연, 김동화, 이소망(2018). 사교육 영향요인 분석에 근거한 사교육 경감방안. 사교육혁신교육연구소.

유재봉, 이철원, 이성림, 한선영, 류은아, 황지원, 문준규(2021). 2020년 초·중·고 사교육비 조사결과 분석 연구. 사교육혁신교육연구소.

윤유진(2017). 방과후학교 참여가 학업성취 및 사교육 경감에 미치는 효과. 방과후학교연구, 4(1), 37-61.

윤향미(2007). 방과후 프로그램의 저소득층자녀 자아존중감 향상 효과에 관한 연구. 원광대학교 박사학위논문.

이덕난(2020). 「선행교육규제법」상 선행교육 및 선행학습 유발행위 금지 등의 입법 영향분석. 입법영향분석보고서, 50, 국회입법조사처.

이덕난, 유지연(2022). 초・중・고교 사교육비 변화 추이 및 향후 과제. NARS 현안분석, 247. 국회입법조사처.

이성림, 한선영, 박준언, 조무정, 한희진, 정봉기(2015). 지역・학교급・교과별 사교육 경감대책마련. 사교육혁신교육연구소.

이승미(2017). 학교 교육과정 편성・운영 및 평가에 대한 「공교육정상화법」 적용의 가능성과 한계. 교육학연구, 55(3), 63-80.

이승미, 안태연, 김선희(2017). 공교육정상화법 시행 이후 교육청의 선행교육 점검 실태 분석 및 개선 방향 논의. 교육연구논총, 38(4), 1-26.

이준호, 황혜선(2016). 사교육목적과 방과후학교 참여에 따른 사교육비지출. 가정과삶의질연구, 34(2), 1-14.

임보영, 강은택, 마강래(2017). 지역 특성이 사교육 참여와 사교육비에 미치는 영향에 대한 분석. 국토계획, 52(6), 113-127.

임종헌, 김병찬(2014). EBS수능연계정책의 '의도하지 않은 효과'에 대한 질적 사례연구. 교육학연구, 52(3), 175-203.

임현정, 김양분(2012). EBS-수능강의의 사교육비 경감 효과 분석: EBS-수능연계 전후의 패널분석을 중심으로. 교육재정경제연구, 21(4), 155-177.

장지윤, 박인우, 장재홍(2017). EBS 방송 시청이 인문계 고등학생의 사교육비 지출에 미치는 영향. 한국교육문제연구, 35(3), 129-150.

전영주, 이제영(2019). EBS 영어교육방송의 이용 목적과 인식 연구: 영어 사교육비를 중심으로. 영어영문학, 24(1), 181-199

정동욱, 박현정, 하여진, 박민호, 이호준, 한유경(2012). EBS 교육 프로그램의 사교육 경감 효과 분석: 서울특별시 중・고등학교를 중심으로. 교육행정학연구, 30(3), 21-42.

정민지(2017). 방과후학교가 중학생 사교육 참여에 미치는 영향 분석. 이화여자대학교 대학원 석사학위논문.

정순모, 박혜연, 김응환(2015). EBSmath의 활용이 농촌학생들의 수학 자기주도적 학습에 미치는 영향 연구. 한국학교수학회논문집, 18(1), 123-148.

정양순, 이예슬(2021). 공교육정상화 정책의 패러독스: 교사, 학부모의 인식을 중심으로. 교육행정학연구, 39(3), 121-160.

정영식, 김영식(2009). EBS 수능강의 활용 실태 및 사교육비 억제 효과 분석.

컴퓨터교육학회 논문지, 12(4), 35-45.

주동범, 이원석, 이현철, 김광석(2018). 사교육비 경감 정책 효과 분석 -부산 광역시 중·고등학생을 중심으로-. 한국자치행정학보, 32(1), 69-91.

채창균(2007). EBS 수능강의 참여 실태와 효과 분석. 직업능력개발연구, 10(3), 25-44.

최승진(2017). 수능연계가 EBS 방송시청 및 사교육비 경감에 미치는 영향. 교육사회학연구, 27(3), 157-183.

통계청(2022). 2021년 초중고 사교육비 조사결과. 보도자료.

통계청(2023). 2022년 초중고 사교육비 조사결과. 보도자료.

특별기획팀(2007. 11. 1.). 과외와의 전쟁? 통계부터 다시!. 대한민국 정책 브리핑. https://www.korea.kr/news/policyNewsView.do?newsId=148640676#goList (접속일: 2023. 4. 24.)

한국교육개발원(2015). 「공교육 정상화법」의 보완 방안연구: 공교육 강화를 위한 제도적 보완을 중심으로.

한국교육방송공사(2014). 2014년 EBS 수능강의사업 성과 분석 및 개선방안 연구.

한국직업능력개발원(2016). KRIVET Issue Brief 제116호.

한상만, 조순옥, 이희수(2011). EBS 수능강의의 사교육비 경감효과 인식분석. 한국교육문제연구, 29(1), 171-191.

홍선주, 이명진, 최인선(2016). 공교육정상화법의 성과와 한계를 통해 살펴본 공교육 정상화의 방향과 과제. 학습자중심교과교육연구, 16(3), 1035-1051.

Oakeshott, M.(1972). Education: The engagement and its frustration. R. F. Dearden, P. H. Hirst, R. S. Peters(Eds.). *Education and the Development of Reason*. Routledge and Kegan Paul.

찾아보기

〈인명〉

ㄱ
강은택 161
길혜지 159, 162
김경근 147
김광석 162
김미진 149
김병찬 159
김성식 147
김정근 164
김진영 148
김현진 147
김현철 146
김혜숙 159

ㄴ
노성향 149

ㅁ
마강래 161
문지영 146

ㅂ
박균달 147
박민호 158
박인우 160

박채형 149
박현정 158
박혜연 146
배상훈 147
백순근 148, 162
변수용 147

ㅅ
성낙일 161
심은석 147

ㅇ
양수경 147
양현경 148
윤유진 147
윤지윤 162
이솔비 148
이예슬 129
이원석 162
이제영 162
이현철 162
이호준 158
임보영 161
임종헌 159

ㅈ

장재홍 160
장지윤 160
장지현 148
전영주 162
정동욱 158
정양순 129
주동범 162

ㅎ

하여진 158
한유경 158
홍성우 161
홍후조 149

〈내용〉

1인당 월평균 사교육비 13
2015 개정 교육과정 117

E

EBS 강의 163, 170, 179
EBS 교육 프로그램의 사교육 경감 효과 158
EBS 대학수학능력시험 연계 정책 91
EBS 수능강의 153, 154, 155, 156, 158, 159, 161, 163, 169
EBS 수능연계 160
EBS 수능연계의 사교육비 경감 효과 159
EBS 수능연계 정책 158, 172, 179
EBS 정책의 변화 153, 154
EBSe를 활용한 방과후 영어교육 156
EBS Math 156, 157

P

PISA 12, 15

T

TIMSS 12, 15

ㄱ

고교학점제 177
고등학교의 교과별 사교육 참여율 35
고등학교의 사교육비 총규모 24
고등학교의 예체능교과 참여학생 1인당 월평균 사교육비 41
고등학교의 일반교과 참여학생 1인당 월평균 사교육비 38
고등학생의 성적수준별 사교육 참여율 84
고등학생의 성적수준별 참여학생 1인당 월평균 사교육비 86
공교육 강화–사교육 경감 선순환 방안 111
공교육 경쟁력 향상을 통한 사교육비 경감대책 93, 111, 113, 134
공교육 내실화 113
공교육 내실화를 통한 사교육 경감 선순환 체제 구축 120
공교육의 정상화를 통한 사교육 경감 정책 123
공교육 정상화 120, 124, 181
공교육 정상화를 통한 사교육 경감 164
공교육 정상화를 통한 사교육비 경감

대책 92, 107, 108, 122, 153, 165, 166

공교육정상화법 91, 98, 109, 124, 125, 126, 127, 128, 129, 130, 131, 132, 137, 139, 167, 168, 170, 172

공교육 정상화와 교육 희망사다리 재구축 119

과열 과외 예방 및 공교육 내실화 방안 91

교과별 사교육 참여율 18, 35

교과별 참여학생의 1인당 월평균 사교육비 36

교육 정책 18

교육회복 종합방안 102

ㄴ

노무현 정부 19, 91, 92, 107, 108, 109, 122, 123, 164, 172, 179

노무현 정부 사교육 경감 관련 정책 92

ㄷ

대입전형 간소화 및 대입제도 발전방안 116

대증 요법 18

대학입시 제도 185

도지역별 사교육 참여율 56, 57

도지역별 참여학생 1인당 월평균 사교육비 62

도지역의 학교급별 사교육 참여율 58

도지역 참여학생 1인당 월평균 사교육비 63

돌봄교실 151, 184

ㅁ

맞춤형 수업 184

모두를 위한 교육 183

문재인 정부 19, 91, 101, 120, 122, 123, 164, 172

문재인 정부 사교육 경감 관련 정책 102

ㅂ

박근혜 정부 19, 91, 115, 117, 119, 122, 123, 172, 179

박근혜 정부 사교육 경감 관련 정책 99

박근혜 정부의 사교육비 경감대책 97

방과후학교 91, 134, 135, 136, 137, 139, 140, 141, 146, 147, 150, 151, 152, 168, 172, 176, 177, 179, 184

방과후학교의 사교육 감소 효과 148

방과후학교의 정책 변화 133, 138

방과후학교의 효과 146

방과후학교 활성화 120

방과후학교 활성화 방안 135

병인 요법 18

부모의 경제활동 유형별 사교육 참여율 76

부모의 경제활동 유형별 참여학생 1인당 월평균 사교육비 80, 81, 82

부모의 경제활동 유형에 따른 학교급별 사교육 참여율 78

ㅅ

사교육 경감 및 공교육 정상화 대책 117, 136

사교육 경감 정책 19, 91

사교육비 13, 17

사교육비 경감 정책의 타당성 164

사교육비 경감 종합대책 175

사교육비 총규모 23, 24

사교육비 총액 13
사교육 참여율 13, 17, 18, 26
사교육 총규모 18, 23, 24
사교육 추이 18
선행교육 규제 124
선행교육규제법 98, 125, 178, 180, 181
선행학습 16
성적수준별 사교육 참여율 84, 85
성적수준별 참여학생 1인당 월평균 사교육비 88
시·도별 사교육 참여율 53
시시포스 14
시지역별 사교육 참여율 54, 55, 56
시지역별 참여학생 1인당 월평균 사교육비 59, 60

ㅇ
예체능교과 사교육 참여율 33, 35
예체능교과 참여유형별 사교육 참여율 45, 46
예체능교과 참여유형별 참여학생 1인당 사교육비 52
예체능교과 참여유형별 참여학생 1인당 월평균 사교육비 50, 52
예체능교과 참여학생 1인당 월평균 사교육비 39
예체능 사교육 90, 174
예체능 사교육 참여율 47
온라인 수업 17
온종일 돌봄체계 구축 120
월가구소득별 사교육 참여율 70, 71
월가구소득별 참여학생 1인당 월평균 사교육비 73, 74
월평균 사교육비 84
이명박 정부 19, 91, 93, 110, 111, 113, 122, 123, 172, 179
이명박 정부 사교육 경감 관련 정책 94
일반교과 사교육 참여율 33, 35
일반교과 참여유형별 사교육 참여율 42, 43
일반교과 참여유형별 참여학생 1인당 월평균 사교육비 48, 49
일반교과 참여학생 1인당 월평균 사교육비 37, 50
입시 위주의 교육 16
입시제도 선진화 114

ㅈ
자유학기제 115, 116, 117, 177
정부별 주요 사교육 정책 91
종일 돌봄교실 134
주당 사교육 참여 시간 13, 18, 28
중학교의 교과별 사교육 참여율 35
중학교의 사교육비 총규모 24
중학교의 예체능교과 참여학생 1인당 월평균 사교육비 40
중학교의 일반교과 참여학생 1인당 사교육비 38
지역규모별 사교육 참여율 64, 65
지역규모별 참여학생 1인당 월평균 사교육비 67, 68

ㅊ
참여유형별 사교육 참여율 41
참여학생 1인당 월평균 사교육비 18, 38
초등돌봄교실 142, 143, 144, 148, 149, 150, 168, 179, 187
초등돌봄교실 관련 정책 변화 143
초등돌봄교실의 사교육 경감 효과 149

초등학교의 사교육비 총규모 24
초등학교의 예체능교과 참여학생 1인
   당 월평균 사교육비 40
초등학교의 일반교과 참여학생 1인당
   월평균 사교육비 38
초·중·고 사교육비 조사 17, 18, 22,
   23, 91, 141
초·중등교육법 178

ㅍ
피로사회 14

ㅎ
하루 평균 학습시간 14

학교급별 사교육 참여율 26
학교급별 예체능교과의 월평균 사교육
   비 40
학교급별 주당 사교육 참여 시간 28, 30
학교급별 참여학생 1인당 사교육비 31
학교급별 참여학생 1인당 월평균 사교
   육비 32
학력 격차 17
학력지상주의 188
학원비 경감방안 110
학원수강 사교육 참여율 44
학원수강 참여율 41, 43, 44, 46, 47

저자 소개

유재봉(Yoo, Jae-Bong)

서울대학교 대학원 교육학과 교육학 석사
런던대학교(현 UCL Institute of Education) 박사
현 성균관대학교 교육학과 교수
   성균관대학교 사교육혁신교육연구소 소장

〈주요 논저〉

『학부모의 당연한 권리, 학교선택권』(공저, 쉼이 있는 교육, 2023)
「사교육 문제와 사교육 경감방안에 대한 교사들의 인식」(공동, 2020)
「사교육의 개념 및 논의에 대한 철학적 검토」(공동, 2018)
「학교 인성교육의 문제점과 방향」(2016)

조시정(Cho, Si-Jung)

옥스퍼드대학교 대학원 교육학과 교육학 석사
서울대학교 대학원 교육학과 교육학 박사
전 성균관대학교 사교육혁신교육연구소 선임연구원
현 삼성전자 인재개발원 Senior Professional

〈주요 논문〉

「잠재 프로파일 분석을 활용한 초 · 중 · 고 학생들의 일반교과 사교육 참여 유형
   분석: 2011년, 2016년, 2021년 자료의 비교를 중심으로」(공동, 2023)
「초 · 중 · 고등학생들의 월가구소득에 따른 사교육 격차 추이 분석: 코로나19 전후
   비교를 중심으로」(2023)
「TIMSS 2019 자료를 활용한 한국과 미국 중학생들의 수학 사교육 참여 요인 비교」
   (2022)
「Correction Effects of Response Bias of Different Types of Score Adjustment in
   the Anchoring Vignette Method」(2021)

이송하(Lee, Song-Ha)
성균관대학교 대학원 예술학 석사
성균관대학교 대학원 예술학 박사
현 성균관대학교 사교육혁신교육연구소 선임연구원

〈주요 논문〉
「초등학교 학부모의 예술 사교육에 대한 인식」(2022)
「디지털 노마드적 삶의 방식을 위한 예술교육의 방향 탐색」(공동, 2022)
「문화예술교육에서의 예술교육자의 미적경험에 대한 질적연구」(공동, 2021)
「미적경험의 성장으로서의 예술교육」(공동, 2020)

정문선(Jung, Moon-Sun)
성균관대학교 일반대학원 교육학과 교육학 석사
성균관대학교 일반대학원 교육학 박사
현 성균관대학교 사교육혁신교육연구소 선임연구원

〈주요 논문〉
「존 화이트의 웰빙 교육에서 '내재적 가치'의 의미」(2022)
「은유로서의 '그림자 교육'에 대한 비판적 논의」(공동, 2022)

한국 사교육의 실태와 사교육 정책

The Current State and Policies of Shadow Education in South Korea

2023년 5월 20일 1판 1쇄 인쇄
2023년 5월 30일 1판 1쇄 발행

지은이 • 유재봉 · 조시정 · 이송하 · 정문선
펴낸이 • 김진환
펴낸곳 • (주) **학지사**

04031 서울특별시 마포구 양화로 15길 20 마인드월드빌딩
대표전화 • 02)330 - 5114   팩스 • 02)324 - 2345
등록번호 • 제313 - 2006 - 000265호

홈페이지 • http://www.hakjisa.co.kr
인스타그램 • https://www.instagram.com/hakjisabook

ISBN 978 - 89 - 997 - 2945 - 4 93370

정가 16,000원

출판미디어기업 학지사

간호보건의학출판 **학지사메디컬** www.hakjisamd.co.kr
심리검사연구소 **인싸이트** www.inpsyt.co.kr
학술논문서비스 **뉴논문** www.newnonmun.com
교육연수원 **카운피아** www.counpia.com